# Bauen mit Stein und Holz

blvgartenplus

EVA OTT

# Bauen mit Stein und Holz

## Wege, Sitzplätze und Terrassen, Treppen und Mauern, Sichtschutz und Rankgerüste

blv

# Inhalt

# Gartenträume werden wahr

Mit ein wenig Fantasie, Freude am Planen und Organisieren sowie handwerklichem Geschick lässt sich jeder Garten mit längst fälligen Veränderungen, praktischen Neuerungen oder einfach nur hübschem Beiwerk den Wünschen und Bedürfnissen der Gartennutzer anpassen.

Ein wenig abseits des Hauses gelegen, lädt dieser lauschige Zweitsitzplatz zum Verweilen ein.

Damit der Traum vom schönen Garten nicht zum Alptraum wird, sollten Sie vor Arbeitsbeginn kritisch und realistisch Ihre handwerklichen Fähigkeiten und zeitlichen Einsatzmöglichkeiten überdenken, bereits im Vorfeld ein paar der anfangs bereitwilligen Helfer im Geiste streichen sowie etwas mehr Geld einplanen, falls professioneller Rat unumgänglich werden sollte. Haben Sie diese Innenschau beendet, kann nach Lust und Laune geplant und anschließend die Ideenfülle in die Tat umgesetzt werden.

## Gestaltungsideen aufs Papier gebracht

Nur in seltenen Fällen wird ein komplett neuer Garten in Eigenregie gebaut; meist sind es Teilbereiche, die ergänzt, neu entstandenen Gegebenheiten angepasst oder modernisiert werden sollen. Und gerade hier sind kritisches Hinsehen und Analysieren, Ideenreichtum beim Verbinden der einzelnen Gartenteile und passgenaues Arbeiten besonders wichtig, um gestalterisches Durcheinander und unsaubere Anschlüsse zu vermeiden. Deshalb gilt wie bei allen Neu- und Umgestaltungen: Garten oder Gartenteil genau vermessen, aufzeichnen und erst dann mit den Entwürfen beginnen.

Bedenken Sie auch, dass Zugangswege und Garageneinfahrten, Terrassenflächen und lauschige Plätze im Garten, »schwebende« Holzkonstruktionen am Wasser oder einfach nur Pfade durch das Gemüsegärtchen funktionell, sicher und sinnvoll angelegt sein müssen, um dauerhaft Freude zu machen. So wird zum Beispiel der Zugangsweg zum Haus breiter und fester sein als die Trittsteine zum Zweitsitzplatz in der Gartenecke, und Garagenvorplätze benötigen einen strapazierfähigeren Belag, als dies bei einer Terrasse der Fall ist. Berücksichtigen Sie, dass Rankgerüste und Pergolen Gartenräume optisch und funktional sehr stark verändern. Wer sich bereits vor dem Umsetzen der Ideen auf Papier ein wenig Gedanken über Sinn

◀ Mit einfachen Mitteln lässt sich jeder Garten in ein Kleinod verwandeln – auch nachträglich und ohne große Umbauten.

Lange Zugangswege wirken erheblich kürzer, wenn sie geschickt unterbrochen werden, wie zum Beipiel hier durch eine runde, platzartige Erweiterung.

und Zweck der Neu- oder Umgestaltung macht und über die Auswirkungen auf andere Gartenteile oder die Nachbarschaft sowie Vor- und Nachteile mit Familie und Nachbarn diskutiert, beugt Fehlplanungen und Ärger vor. Gehen Sie also in Ihren Garten, schauen Sie sich in aller Ruhe die zu überplanenden Bereiche an, lassen Sie bereits vor Ihrem inneren Auge die neue Gartensituation entstehen und übertragen Sie die Ideen dann auf das Skizzenpapier.

Verwerfen Sie nicht von vornherein gut gemeinte Ratschläge und praktische Tipps von Verwandten und Nachbarn, sondern nehmen Sie diese Überlegungen in Ihr Gedankenspiel mit auf. Das bewahrt vor Betriebsblindheit und bringt frischen Wind in Ihre Planung.

## Bewährte Tipps zur Gestaltung von Wegen und Plätzen

Noch bevor Sie mit dem Zeichnen beginnen, sollten Sie sich ein wenig mit gestalterischen und technischen Möglichkeiten vertraut machen und überlegen, welchen Zweck Ihre Baumaßnahme erfüllen soll. Abgesehen davon müssen Wege, Plätze und Treppen »funktionieren«, das heißt so gestaltet sein, dass die Benutzung sinnvoll möglich ist. Es bringt nicht viel, wenn der Zugangsweg zum Haus zwar aus edlem Material besteht, aber viel zu verwinkelt verläuft, die Terrassenfläche zu klein für die Kaffeerunde ist und die Treppenstufen schlecht begehbar sind. Sie müssen deshalb überlegen, wie die spätere Nutzung Ihres Eigenbaus aussehen soll.
Nicht außer Acht gelassen werden dürfen die Sonnen- und Schattenbereiche in Ihrem Garten. Beobachten Sie, zu welcher Tageszeit ein ruhiger Platz besonders schön besonnt wird, und erwägen Sie, ob dort nicht vielleicht ein kleiner Zweitsitzplatz entstehen könnte. Oder beruhigen Sie einen häufig dem Wind ausgesetzten Terrassenbereich, indem Sie ein schützendes Rankgerüst anbringen. Aber auch schattige Ecken, in denen statt Rasen nur noch Moos wächst, können Sie mit Hilfe geschickter Pflasterungen und dem Einsatz von Bodendeckern aus ihrem gestalterischen Mauerblümchen-Dasein verhelfen.

Wie öde wäre dieser Weg ohne Ausbuchtung! Durch die gekonnte Ablenkung wirkt er viel interessanter.

**Wege zum Hauseingang**

• Sie sollten eine Breite von mindestens 1,20 m besitzen, damit auch mit Gepäck ein bequemes Begehen möglich ist. Bei seitlichen Bepflanzungen empfiehlt es sich, den Weg etwas breiter einzuplanen.

• Anschlüsse beachten: Wie breit ist die Gartentür? Steht ein Baum im Weg? Müssen Kanaldeckel integriert werden? Gibt es bereits bestehende Wege und Plätze, die an den neuen Weg angebunden werden sollen?

• Über Jahre gewohnte Wegeführungen nicht verändern, sondern einbeziehen, um Trampelpfade zu vermeiden.

• Wenn möglich, ohne Stufen gestalten.

• Nicht zu verwinkelt planen, da sonst der Weg zum Tonnenhäuschen oder zur Garage unnötig lang wird.

• Für Zugangswege empfiehlt sich eine Pflasterung oder das Belegen mit Platten, wobei »Stolpersteine« zu vermeiden sind.

• Kies und Rindenmulch sind für den direkten Eingangsbereich weniger gut geeignet, da zu viel loses Material in das Haus getragen wird.

• Auch Holz ist für häufiger frequentierte Wege nicht optimal, denn es wird bei Nässe rutschig, wölbt sich oder fault.

• Rasengittersteine sind wegen ihrer Lochstruktur mögliche Killer für Damenabsätze und in anderen Gartenbereichen besser aufgehoben.

• Nicht vergessen: Stromkabel für Wegebeleuchtung, Klingel- und Alarmanlage im Eingangsbereich mit einplanen bzw. bereits vorhandene einbeziehen.

**Optische Tricks für gelungene Wegeführungen**

• Lange Wege wirken kürzer, wenn mit »Querstreifen« oder quadratischen Mustern gearbeitet wird.

Ein Weg vier Mal anders: links ein Zugangsweg, dessen Pflasterung in die nebenstehende Kiesfläche und deren Bepflanzung einfließt, daneben eine streng formale Variante mit warmem Klinkerpflaster, niedriger Hecke und formiertem Buchs als Begleitung. Sehr reizvoll wirken auch ein geschwungener Weg zum Eingang mit fantasievoller Pflasterung sowie ein mit einem kleinen Platz versehener Eingangsbereich, der mit Hilfe von Kübelpflanzen jedes Jahr ein anderes Gesicht bekommen kann.

Streng formale Betonplatten schließen sich an einen nachträglich eingebauten Gartenweg aus Klinker an.

- Große Plattenformate verkleinern den Weg optisch und erscheinen ruhig auf den Betrachter.
- Kurze Wegstrecken wirken großzügiger, wenn mit kleinformatigem Material gearbeitet wird oder einzelne Platten in die benachbarte Pflanz- oder Rasenfläche ausufern.
- Länger, aber auch schmäler wirken Wege mit Längsfugen oder seitlichen Begrenzungen.
- Eine leicht geschwungene Wegeführung lässt kurze Wege länger erscheinen und baut eine optische Spannung auf.
- Verkürzend wirken kleine, optisch abgesetzte Plätze im Wegeverlauf.
- Hohe seitliche Bepflanzung wirkt einengend, niedrige Bodendecker oder Rasen lassen Wege breiter erscheinen.
- Überspannende Rosen- und Pflanzbögen lenken von der Länge des Weges ab.

**Schnell realisiert: wenig begangene Wege**

- Kompost, Zweitsitzplatz, Gerätehäuschen oder Gemüsegarten kommen zur Not ganz ohne Zugangsweg aus. Wollen Sie aber trockenen Fußes durch Ihren Garten gelangen, reichen meist Trittsteine oder Pfade ohne starken Unterbau völlig aus.
- Kies und Rindenmulch eignen sich für geschwungene Wege durch Pflanzflächen hindurch besonders gut.
- Viele Gestaltungsmöglichkeiten lassen auch Holzpflaster und Plankenwege im ruhigen Gartenbereich zu.

**Wege durch das Gemüsegärtchen**

- Eine Abgrenzung der Beete mit Buchshecken und Verbindungswegen aus feinem Kies sieht immer hübsch aus.
- Praktisch sind Gitterroste aus Holz, die schnell angebracht werden können und wenig Vorarbeit erfordern.
- Wege aus Häckselgut sind billig zu bauen und schrecken Schnecken ein wenig ab, ebenso Beläge aus Rindenmulch.
- Selbstverständlich können auch Platten-, Klinker- und Pflasterpfade gebaut werden, die sehr pflegeleicht sind.

Das Gemüsegärtchen einmal anders: Sternförmig laufen die gepflasterten Arbeitswege auf den Mittelpunkt zu – benutzerfreundlich und außergewöhnlich zugleich.

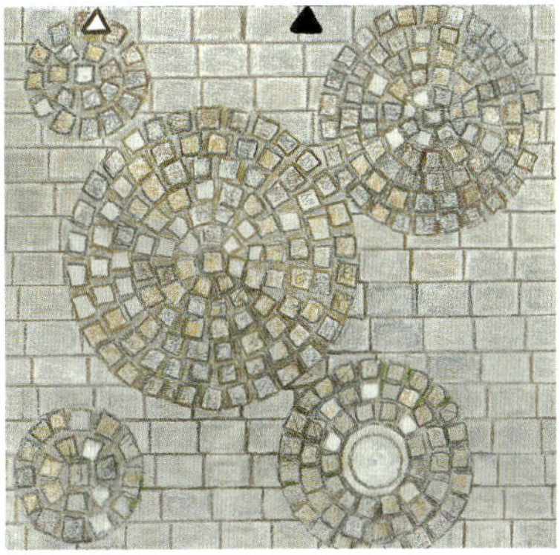

Garagenvorplätze müssen nicht trist sein und lassen sich auch nachträglich noch sehr ansprechend gestalten. Ob formal, mit den Kanaldeckel kaschierenden Kreisformen oder bunt und unkonventionell: Praktisch müssen sie sein. △ = Eingang, ▲ = Garageneinfahrt

**Die Gestaltung von Garagenvorplätzen**

- Ruhig wirkende Beläge wie Rasenpflaster, Kiesflächen und gleichmäßig verlegte Plattenbeläge vergrößern Plätze optisch.
- Verkleinernd wirken aufwändige Muster, Kreise und Quadrate.
- Niedrige Hecken, Begrenzungsmäuerchen und Einfassungen aller Art lassen große Flächen kleiner erscheinen.
- Vermeiden Sie Ihrem Auto zuliebe zu klein dimensionierte Garagenvorplätze und schlecht sichtbare Hindernisse wie Findlinge, niedere Pfosten oder Mäuerchen.
- Bei dem Bau von Pergola, Sichtschutzzaun oder der Platzierung des Hausbaums den Einfahrtradius beachten.
- Auf sinnvolle Verbindung mit anderen Wegen und Plätzen achten.
- Der Unterbau muss bei Garagenzufahrten besonders sorgfältig angelegt werden, um größeren Lasten standhalten zu können.

**Kombinationen mit Treppen und Mäuerchen**

- Ab einer gewissen Steigung (maximal 10%) empfiehlt sich der Einbau von Stufen.
- Treppen müssen sicher und stolperfrei zu begehen und absolut fest gebaut sein.
- Mäuerchen benötigen in der Regel ein Fundament, um kippsicher zu stehen.
- Stützmauern, die großem Druck standhalten müssen und höher als 80 cm werden, sollten besser von einer Fachfirma errichtet werden.
- Breite, gepflasterte Stufen sind für viel begangene Wege, einfache Knüppeltreppen dagegen nur für die Erschließung weniger frequentierter Gartenteile geeignet.
- Treppen und Mäuerchen lassen sich hervorragend kombinieren und mit Wasserbecken, Sonnenterrassen, Sitzlandschaften oder Hochbeeten zu einmalig schönen Einheiten verbinden.

Ohne diese farblich abgesetzte runde Pflasterung würde der riesige Vorplatz sehr langweilig wirken.

Ist die Terrasse auch wirklich groß genug geplant? Im Zweifelsfall lieber etwas üppiger bemessen.

### Terrassen und Sitzplätze im Garten

- Optimal ist eine wind- und sichtgeschützte Terrasse am Haus, die genügend Platz für Tisch und Stühle bietet.
- Glatte Beläge, auf denen Tische und Stühle sicher stehen, sind im Terrassenbereich zu bevorzugen.
- Eventuell gleich die Grillecke mit einplanen.
- Wichtig sind gut zu erreichende Stromanschlüsse, um flexible Beleuchtungskörper, den Elektrogrill oder eine Umwälzpumpe für Wasserspiele auch nachträglich anbringen zu können.
- Zweitsitzplätze im Garten können einfachere Beläge aus zum Beispiel Kies oder Holz bekommen, lassen sich mit Hilfe von Mäuerchen »versenken«, an einen Hang angliedern oder durch die Anordnung von Sichtschutzelementen in eine Oase der Ruhe verwandeln.

Eine geschützte Gartenecke für warme Sommertage. Die bewachsene Pergola spendet Schatten und bietet Sichtschutz.

### Rankgerüste und Rosenbögen

- Rankgerüste, Kletterbögen und Sichtschutzwände sollten niemals ohne Bezug zu Gebäude-, Zaun- oder Heckenteilen im Garten stehen.
- Ob Rankgerüste und Sichtschutzwände luftig mit viel »Durchblick« oder abweisend schwer sein sollen, hängt von den Bedürfnissen der Gartennutzer ab.
- Bei geschickter Platzierung machen Rosenbögen und Sichtschutzelemente neugierig auf das »Dahinter«, schaffen neue Räume und verbinden Funktionalität mit Behaglichkeit.
- Richtig platziert, wirken Rankgerüste als Sicht-, Wind- und Sonnenschutz in einem.
- Immer bedenken, dass diese Elemente Winddruck sowie Pflanzengewicht standhalten müssen und deshalb einer sehr sorgfältigen Verankerung bedürfen.

## Behördliche Einschränkungen

Für den Terrassen- und Wegebau sind in der Regel keine Anfragen auf Baubehörden notwendig. Interessanter wird die Frage bei kleinen Grenzmäuerchen, Sichtschutzwänden und -elementen sowie natürlich allen größeren Bauwerken. Sollten diese sich nicht mitten im Garten, sondern nahe der Gartengrenze befinden, empfiehlt sich der Blick in den Bebauungsplan oder eine Anfrage im Gemeindeamt.
Auch ist es ratsam, die Errichtung eines Sichtschutzzaunes oder einer massiven Pergola mit den betroffenen Nachbarn zu besprechen. Eventuell besteht sogar die Möglichkeit, eine gemeinsame Lösung zu finden. Werden dann Sichtschutzelemente einverständlich auf der Gartengrenze errichtet, sollte dies schriftlich festgehalten und von beiden Parteien unterschrieben werden, um auch Streitereien bei eventuellen späteren Reparatur- und Folgekosten vorzubeugen.

# Macht Spaß: spielerisch Entwürfe zeichnen

Sehr hilfreich ist es, wenn Sie sich Ihren Haus- und Grundstücksplan kopieren, alle nicht zu verändernden Gegebenheiten wie zum Beispiel Geräteschuppen, Tonnenhäuschen, Breite des Gartentürchens, Gartenteich, hohe Hecken, Bäume und die vorhandene Terrassenfläche einzeichnen und dann von diesem Plan nochmals eine Kopie anfertigen. Am besten vergrößern Sie diese Kopie, ein zuverlässiger Maßstab ist dann allerdings nicht gewährleistet. Deshalb sollten Sie alle wichtigen Maße auf Ihrem Plan vermerken und bei Bedarf für einzelne Teilbereiche einen genauen, maßstabsgerechten Detailplan (siehe Seite 16) erstellen.
Auch vorhandenes Gefälle (siehe Seite 17) muss eingezeichnet werden, und oft ergeben sich allein aus der Tatsache heraus, dass man sich bewusst mit den **Höhenlinien** befasst, ganz neue Möglichkeiten, den Sitzplatz im Garten einzubauen, Stufen und Plätze zu integrieren, sonnige Mäuerchen oder kleine sprudelnde Bachläufe anzulegen.

Da Bebauungsplan und Wirklichkeit häufig nicht genau übereinstimmen, empfiehlt sich zu Beginn der Planung das genaue Nachmessen aller betroffenen Gartenteile.

Spielen Sie mit Farben und Formen – Ihr Garten entsteht zunächst auf dem Papier.

Gerade erst in die Tat umgesetzt ist die Skizze von Seite 13. Ein schwungvoller Garten ist entstanden, der sich in mehrere Räume gliedert.

Aber bevor es so weit ist, geht es ans Entwerfen. Am besten legen Sie über Ihre Plankopie ein **Transparentpapier**, das Sie im Fachhandel erhalten, oder Sie rollen Butterbrotpapier darüber aus, das wesentlich billiger ist und mit dem Sie verschwenderischer haushalten können. Übertragen Sie die Hauskonturen auf Ihr Skizzenpapier und legen Sie los – geschwungen, gerade, großzügig oder in einer bestimmten Stilrichtung. Vielleicht integrieren Sie mediterranes Flair aus Ihrem letzten Urlaub im Süden, greifen die bäuerlichen Strukturen aus Ihrer Umgebung auf oder lassen sich von hübschen Ideen aus der Nachbarschaft, aus Büchern und Gartenzeitschriften inspirieren. Gerade beim »Eigenbau« haben Sie die Chance, so manches Ungewöhnliche mit einzubringen, können starre und alt eingefahrene Formen erneuern und ganz persönliche Liebhabereien verwirklichen.

## Mit Farben und Formen experimentieren

Groß auf ein Stück Karton aufgezeichnet, mit dem Haus und allen bereits vorhandenen und zu berücksichtigenden Gegebenheiten versehen, wird Ihr Grundstück zur Grundlage für ein Spiel mit Farben und Formen. Malen Sie zuerst die wichtigsten Sonnen- und Schattenbereiche auf, ebenso bereits vorhandene Lieblingsplätze der zwei- und vierbeinigen Bewohner sowie besonders windige, ungeschützte Ecken. Dann erstellen Sie eine Liste aller Gartenwünsche Ihrer Familienmitglieder. Um zuverlässig feststellen zu können, ob die vielen Vorschläge und Wünsche auch mit der Größe Ihres Gartens zu vereinbaren sind, empfiehlt sich das Basteln von Schablonen und Grundrissen der einzelnen unterzubringenden Gegenstände. So erstaunt erfahrungsgemäß immer wieder, wie viel Platz doch ein Fahrrad benötigt, wie breit die Schubkarre ist, welchen Raumbedarf eine Sitzgruppe auf der Terrasse hat und wie stark der Hang zum Zweitsitzplatz abfällt. Auch vorhandene oder noch zu pflanzende Begrünung wird die Planung und häufig auch die Ausführung beeinflussen. Ein hoher Nadelbaum nimmt sommers wie winters viel Licht weg, der hohe Laubbaum bringt dagegen nur im Sommer Schatten und lässt die Wintersonne in das Zimmer scheinen. Zu nah an Wege oder Flächen gepflanzte Bäume und Hecken zeigen oft durch nach oben drückenden Wurzeln eine ungeahnte Zerstörungskraft, und sehr schattige Plätze gewinnen durch eine Mischung aus Pflaster und Schattenpflanzen.

## Die ganze Familie macht mit

Ähnlich einem Brettspiel können Sie nun auf Ihrem Grundriss agieren. Dabei müssen Plan und »Spielfiguren« in etwa denselben Maßstab haben, egal, ob Sie den Mini-Puppenwagen aus Töchterchens Fundus oder die Legosteine aus der Bastelkiste zum Verdeutlichen Ihrer Gartenwünsche verwenden.
Die Umrisse der Autos, von Stühlen, Tischen und Schaukellandschaft schneiden Sie aus Karton und schieben sie nach Bedarf auf dem »Spielbrett« hin und her. Geschwungene Wege lassen sich mit Hilfe von Wollfäden oder Schnur andeuten, und sogar Gefälle können Sie simulieren, wenn sie nicht zu kompliziert sind. Knicken Sie dazu den Karton einfach an den entsprechenden Stellen etwas ab. Auf diese Weise wird sehr schnell sichtbar, dass die gedachte Terrasse zu klein und zu wenig besonnt wäre, der Teich zwar schön liegt, aber kein ausreichender Weg mehr Platz hätte, dass das Gelände stärker abfällt als gedacht und die Garageneinfahrt mit etwas größerer Dimensionierung Raum für einen Tischtennisplatz bieten könnte. Verschieben Sie Ihre Spielsteine, ergänzen und verändern Sie so lange, bis ein attraktives Ergebnis entstanden ist, das sich auch in die Wirklichkeit übertragen lässt.
Wer geschickt ist und Freude am Basteln hat, kann die einzelnen Objekte, zum Beispiel den großen Baum, die Pergola, eine hohe Mauer oder Hecke, das Wohnhaus und die Garage, in der passenden Höhe anfertigen. So lassen sich sogar die Sonnen- und Schattenspiele im Lauf eines Tages nachahmen, denn mit Hilfe einer Taschenlampe oder – viel interessanter für die Kinder – mit einer Kerze können Sie in einem abgedunkelten Raum den Lauf der Sonne simulieren. Und je nach Sommer- oder Wintersonne wird der Schatten anders fallen.

Buchhandlungen haben manchmal fertige Garten-Bastelsets vorrätig oder führen Computer-Programme in ihrem Sortiment, die das Planen erleichtern.

## Gängige Größen und Maße für die Planung

**Einzelgarage:** Breite 3 m, Länge 6 m und größer, Höhe ab 2,45 m
**Carport:** Mindestbreite 2,60 m, Länge ab 5,20 m
**Oberirdischer Stellplatz:** Breite 2,50 m, Länge ab 5 m
**Pkw:** Breite 1,50–1,80 m, Länge 4,10–5,80 m

Nachdem sich dieser Gartenteil als nachmittäglicher Lieblingsplatz herauskristallisierte, wurde er kurzerhand gepflastert und so zum beliebten Zweitsitzplatz.

**Fahrradständer:** Breite 0,60 m, Platzbedarf in der Länge 2,20 m pro Fahrrad
**Platzbedarf Fußgänger:** mit Koffer Breite mindestens 1,20 m, ebenso zwei Personen ohne Gepäck
**Tischtennisplatte:** Breite 1,52 m, Länge 2,74 m plus Platz zum Spielen
**Kompostbehälter:** ab 1 x 1 m
**Mülltonnenhäuschen:** Breite 0,80 m, Tiefe 0,70 m, Doppelbox: Breite 1,60 m
**Gartengrill:** ab 0,60 x 0,50 m
**Gartentisch mit vier Stühlen:** mindestens 3,50 x 3,50 m
**Breite des Gartentürchens:** ab 1 m
**Großer Baum:** Kronendurchmesser 4–7 m, Höhe 15–25 m
**Hecke:** geschnitten 0,60 m, frei wachsend 2–4 m
**Gemüsebeet:** Breite 1,20 m, Wege dazwischen 0,30 m
**Kleingewächshaus/Gerätehäuschen:** ab 2,10 x 1,70 m, Anlehnhäuser auch kleiner
**Sichtschutzelemente:** 1,80 x 1,80 m, auch halbe und andere Maße erhältlich
**Rosenbogen:** Breite 1,20 m, Höhe 2,20 m, Tiefe 0,35 m und größer
**Pergola:** Breite mindestens 1,50 m, Höhe ab 2,20 m
**Plattenformate und Pflastergrößen:** nach Wahl

## Der Plan nimmt Gestalt an

Nun ist es an der Zeit, die vielen Ideen zu sortieren und auf ihre Realisierbarkeit zu überprüfen. Geschwungene Wege verlangen einen anderen Belag als geometrische, gerade Formen, eine Terrassenerweiterung ist häufig mit umfangreichen Erdarbeiten verbunden, und so manche Umgestaltung zieht auch Änderungen im Bereich des Gartenzugangs nach sich.

### Die Detailplanung

Um Zeit- und Materialbedarf möglichst genau berechnen zu können, muss für die betreffenden Gartenbereiche eine zuverlässige Detailplanung erfolgen. Hierzu zeichnen Sie in einem möglichst großen Maßstab (1 : 50 oder 1 : 10) die geplanten Formen sowie alle Anschlusslinien und Anschlusshöhen sorgfältig auf **Millimeterpapier**, das Sie im Papierfachhandel kaufen können. Mit Hilfe des bereits erwähnten Transparentpapiers (siehe Seite 14) können Sie nun sehr genau kleinste Details planen und sehen, ob der von Ihnen ausgewählte Plattenbelag in der gewählten Form zu realisieren ist, ob das genormte Sichtschutzelement im Format zu Ihrer Terrassengröße passt und ob statt einer nicht doch besser zwei Treppenstufen gebaut werden sollten.
Mit Hilfe des Detailplans lässt sich zudem sehr genau errechnen, wie viel des jeweils benötigten Materials zu beschaffen ist. Er bildet die Grundlage für alle Materialberechnungen und den tatsächlichen Bau.

Höhen geschickt zu überwinden ist meist nicht einfach. Hier hilft eine genaue Detailplanung ungemein.

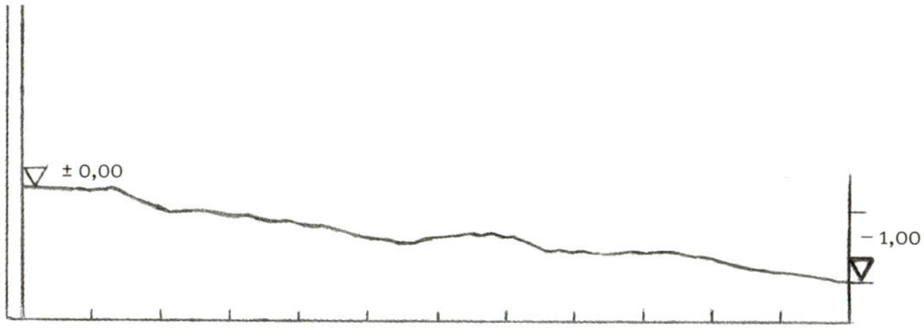


Oben: Das anstehende Gelände, in das eine Terrasse gebaut werden soll. Darunter vier verschiedene Möglichkeiten, mit dem Gelände umzugehen.

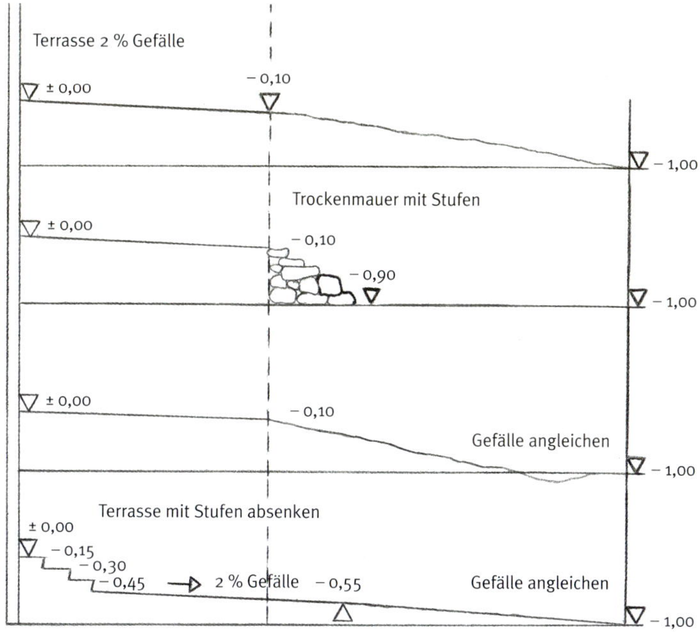


Insbesondere dann, wenn Höhenunterschiede mit Hilfe von Treppen und Mäuerchen zu überwinden sind, empfiehlt sich die Zeichnung eines **Geländeschnittes**, damit Sie das Gefälle richtig einschätzen und Baufehler von vornherein vermeiden können. Hierfür messen Sie mit Hilfe von Wasserwaage, langen Latten und eventuell der Schlauchwaage (siehe Seite 35) die Höhendifferenzen aus.

Jetzt muss auch überlegt werden, ob spezielle Entwässerungseinrichtungen wie kleine Gullys oder **Entwässerungsrinnen** benötigt werden. Hier sollten Sie auf jeden Fall den Rat einer Fachfirma einholen, die das nötige Know-how für den Einbau dieser Spezialteile besitzt. Denn Gefälle und Unterbau müssen sehr genau stimmen, und auch der passgenaue Anschluss von Pflaster- und Plattenflächen ist nur mit etwas Übung zufriedenstellend zu erreichen. Betrauen Sie deshalb bei komplizierten und sehr großen Flächen besser eine Fachfirma mit den Arbeiten und wagen sich selbst nur an Wegebau, kleinere Sitzplätze und unkomplizierte Mauerbauten. Auch sollten Sie bereits jetzt daran denken, welche **Beleuchtungseinrichtungen** (siehe Seite 28) Sie verwirklichen wollen und ob **Wasserleitungen** nötig werden. Wer diese Dinge bereits in diesem Stadium einplant, kann späteres Umgraben oder unnötig weitläufige und verwinkelte Verlegewege vermeiden.

Ein Maßstab von 1:50 bedeutet, dass 1 m in Wirklichkeit 2 cm auf dem Papier entspricht. Der Maßstab 1:10 ist größer (1 m gleich 10 cm auf dem Papier), besonders gut für Detailpläne geeignet und mit weniger Aufwand zu berechnen.

## Mengenberechnung leicht gemacht

»Das wird schon reichen« oder »Über den Daumen gepeilt brauchen wir«, sind Aussagen, die nur in den seltensten Fällen das erhoffte Ergebnis bringen. Meist werden hier zeitraubende Nachkauf- oder Umtauschaktionen fällig, können die Preis- und Zeitvorstellungen nicht eingehalten werden, Improvisationskunst und Nerven sind gefordert.
Viel einfacher kommen Sie zu einem schönen Ergebnis, wenn Sie sich bereits im Vorfeld Gedanken machen, sich die verschiedensten Materialvarianten ansehen, im Baustoffhandel oder Internet nachfragen und in einschlägigen Firmenkatalogen blättern. Die Fülle des Angebotes ist riesig, deshalb ist es ein Muss, anhand des Detailplans genaue Mengen zu ermitteln, Materialvarianten gestalterisch und preislich gegenüberzustellen sowie sich mit der Organisation zu befassen.
Jetzt zahlt es sich aus, einen genauen Detailplan erarbeitet zu haben, denn damit ist das Berechnen der Einzelposten schnell erledigt. Am besten stellen Sie sich eine Liste der Materialien zusammen, die Sie in Ihrem Garten verbauen wollen.

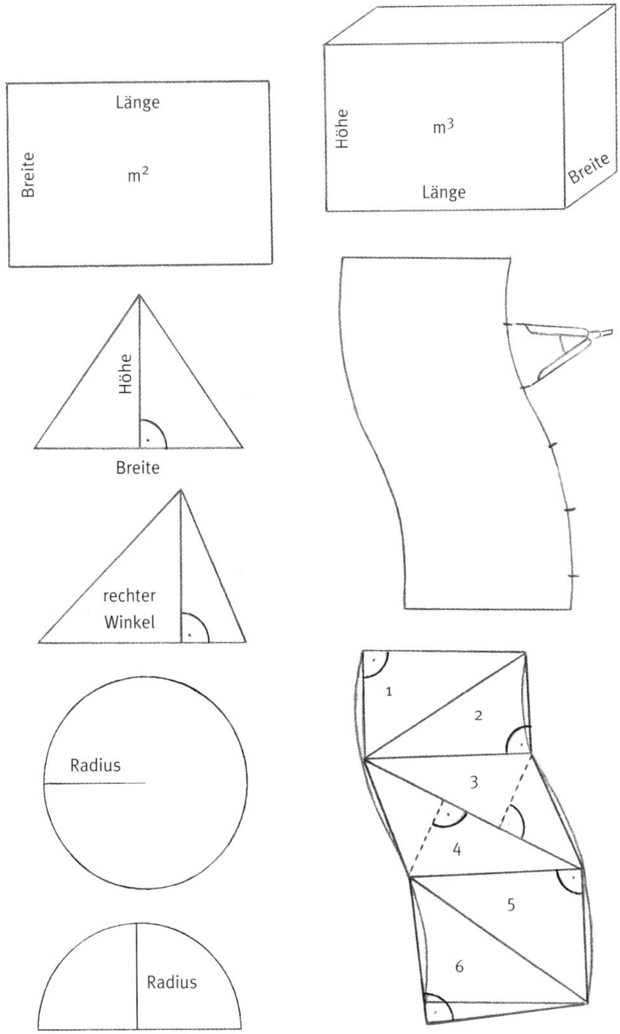


Wie war das gleich wieder mit der Kreisberechnung? Schulzeit ist lange her, und die richtige Berechnung der zu bearbeitenden Flächen und zu bestellenden Materialien ist genau so wichtig wie eine gute Detailplanung.

### Wie berechne ich was?

Gerade verlaufende Strecken und Flächen lassen sich leicht berechnen, schwieriger wird es bei unregelmäßig verlaufenden Wegen und runden oder anderen Formen. Hier deshalb ein paar Beispiele, wie Sie sicher und genau den Materialbedarf ermitteln können. Bei allen Berechnungen ist der **Maßstab** zu berücksichtigen, wenn Sie die Maße mit dem Lineal aus Ihrem Plan übernehmen.

### Längen (m) richtig ermitteln

• Unregelmäßig geschwungene Einfassungen oder Rasenkanten messen Sie etwas unprofessionell auf Ihrem Plan mit Hilfe eines Fadens aus, den Sie um die Kurven legen können. Dann gerade ziehen und mit Hilfe eines Lineals die Länge des Fadens nachmessen.

• Gute Dienste leisten auch Stechzirkel, mit denen Sie Längen auf dem Papier maßstabsgerecht »abgehen« können.

• Kreisumfang (m) = 2 x Radius x 3,14

### Flächen ($m^2$) richtig berechnen

• Quadrate und Rechtecke: Fläche ($m^2$) = Länge x Breite

• Dreiecke: Fläche ($m^2$) = Höhe x Breite : 2

• Kreise: Fläche ($m^2$) = Radius x Radius x 3,14

• Unregelmäßig Formen: Ein relativ genaues Resultat für geschwungene Wegeflächen erhält man durch Aneinanderzeichnen von Dreiecken und deren Berechnung.

### Rauminhalte ($m^2$) richtig berechnen

Für den Unterbau berechnen Sie die Fläche mal der verschiedenen Stärken, die für die einzelnen Schichten nötig sind, und erhalten so die Kubikmeter-Menge ($m^3$) für Ihre Bestellung.

• Beispiel: Länge des Weges 4 m, Breite 1,20 m, Stärke Frostschutzschicht 0,40 m, Stärke Splitt 0,20 m = 4 x 1,20 = 4,80 $m^2$. 4,80 $m^2$ x 0,40 m = 1,92 $m^3$ Frostschutzkies, 4,80 $m^2$ x 0,20 m = 0,96 $m^3$ Splitt.

## Vorschlag für eine Einkaufsliste

Wie Ihre Einkaufsliste aussieht, hängt natürlich ganz davon ab, was Sie in Ihrem Garten bauen wollen. Die nachstehende Auflistung soll als Beispiel dienen und Sie dazu anregen, die Planung noch einmal kritisch zu überdenken.

Holen Sie auf jeden Fall mehrere Angebote bei verschiedenen Baustoffhändlern, bei Kies- und Fuhrunternehmen, im Holzfach-

**Einkaufsliste und Zeitplan**

| Material | Menge | Kosten/ Euro | Liefertermin |
|---|---|---|---|
| Schotter | $m^3$ | | |
| Splitt | $m^3$ | | |
| Quarzsand | Säcke | | |
| Platten | $m^2$ | | |
| Pflastersteine | $m^2$ | | |
| Kantensteine | Stück | | |
| Palisaden | Stück, Größe | | |
| Steine für Mauer | Stück/$m^2$ | | |
| Sichtschutzelemente | Stück | | |
| Pfostenschuhe | | | |
| Kleinmaterial | | | |
| Magerbeton | | | |
| Kleinlaster oder Pkw-Anhänger mieten | | | |
| Maschinen ausleihen | | | |
| Werkzeug und Zubehör | | | |
| Kosten für Lieferungen durch Firmen | | | |
| Elektriker/Installateur | | | |

handel sowie bei Maschinen- und Geräteverleihfirmen ein. Sie werden sehen, dass sich bei dem einen oder anderen Posten sparen lässt, dass manche Firma schneller und bequemer liefert oder bei genauerer Betrachtung Qualitätsunterschiede deutlich werden.
Sollten Sie sich im Verlauf Ihrer Planungen doch nicht mehr zutrauen, alles selbst zu machen, fragen Sie zum Beispiel wegen Erdarbeiten und Unterbau für die Terrassenflächen, kniffliger Treppenstufen und höherer Mauern bei einer Gartenbaufirma an. Lassen Sie sich einen Kostenvoranschlag machen und treffen Sie dann Ihre persönliche Entscheidung. Die weniger aufwändigen Arbeiten können Sie danach immer noch in Eigenregie durchführen. Auch das Verlegen elektrischer Leitungen oder die Zuleitung für einen Wasserlauf können Posten für Fremdarbeit sein und dürfen in Ihrer Planung nicht vergessen werden. Fragen Sie bei Ihren Einkäufen immer nach, ob die Preise einschließlich Mehrwertsteuer sind, ob es Mengenrabatt gibt, was die Lieferung kostet und wann Sie das Material bestellen müssen, damit es in Ihren zeitlichen Rahmen passt. Versuchen Sie ruhig, ein wenig zu handeln, es könnte sich auszahlen.

Bei der Erstellung des Unterbaus und eventueller Fundamente fällt eine Menge Aushub an, der entsorgt werden muss. Erkundigen Sie sich deshalb rechtzeitig, welche Deponie in Ihrer Umgebung die nicht mehr benötigten Mengen aufnimmt.

## Richtig vorbereiten und vermessen

In Kürze wird sich Ihr Garten oder zumindest ein Teil davon in eine Baustelle verwandeln, und darauf sollten Sie vorbereitet sein. Unmengen an Material wird angeliefert oder von Ihnen besorgt werden, das Sie wenigstens für kurze Zeit zwischenlagern müssen. Überlegen Sie deshalb rechtzeitig, wohin Schotter und Splitt, Sand und Paletten geliefert werden sollen. Am besten schützen Sie diese Stellen mit einer kräftigen Plane und versuchen, die Wege möglichst kurz zu halten. Vielleicht dürfen Sie ja Nachbars Garageneinfahrt kurzzeitig als Lagerplatz mitbenutzen, öffentliche Gehwege und Verkehrsflächen sind jedoch tabu.

Seit Jahrzehnten grau, öde und trist – aus diesem Stadtgarten muss sich doch ein blühender und vielfältig nutzbarer Garten machen lassen!

Auch sollten Sie bedenken, dass Zulieferfahrzeuge zwar mit einem starken Kran ausgerüstet sind, jedoch die schweren Paletten nicht über geparkte Autos hinweghieven können, um sie dann in Ihrem Garten abzustellen. Deshalb empfiehlt es sich, für den Tag der Anlieferung auf freie Zugängigkeit zu achten.

### Das Aufmaß herstellen

Jetzt ist es an der Zeit, den Plan in die Tat umzusetzen, d. h. die Maße des Plans auf die Gartenpartien zu übertragen. Stück für Stück wird vom Plan übernom-

Der Teer wurde entfernt, und bereits während der Umbaumaßnahmen wirkt die Fläche freundlicher. Was etwas Farbe ausmacht!

Kaum zu glauben: Aus der unwirtlichen Nebenfläche ist eine Oase entstanden, in der sich die Hausbewohner gerne zu einem Plausch versammeln. Helles Natursteinpflaster, ruhiges, pflegeleichtes Grün lassen den Hof groß erscheinen, und ein kleines Wasserbecken fängt den Himmel ein.

men, nachgemessen und den Gegebenheiten angepasst. Als Bezugspunkt für Flächenmaße dient eine Hausecke oder das Gartentor, die Terrassenflucht oder der Hausbaum,
als Bezugspunkte für Höhenmaße eignen sich Kellerschächte, Eingangsstufen und andere, bereits vorhandene Flächen und Bauwerke, an die angebaut werden soll.
Mit Hilfe von Schnureisen oder Holzpflöcken, Richtschnur, Wasserwaage, Winkeleisen und Richtlatte können Sie nun alle Maße festlegen und dann mit dem Erdaushub für den Weg, die Platzfläche oder für ein Mauerfundament beginnen.
Dabei werden Sie feststellen, dass es draußen in der Wirklichkeit nicht immer einfach ist, Höhen und rechte Winkel festzulegen. Eine Schlauchwaage (siehe Seite 35) hilft Ihnen, Höhenunterschiede exakt zu bestimmen, und mit Hilfe der 30-40-50-Regel (siehe Seite 36) schaffen Sie es auf einfache Weise, genaue rechte Winkel anzulegen.
Einzelheiten über Unterbau, Frostschutztiefe, Fundamente und Ähnliches erfahren Sie in den jeweiligen Kapiteln.

***auf einen blick***

- Funktionalität und Sicherheit sind oberstes Gebot.
- Beobachten Sie Ihre »Garten-Gewohnheiten«, Sonnen- und Schattenseiten, Lieblingswege usw.
- Sichtschutzbauten erfordern häufig die Genehmigung durch den Nachbarn, in seltenen Fällen auch vom zuständigen Bauamt.
- Erste Skizzen sind Wegbereiter für einen gelungenen Garten.
- Unumgänglich sind genaue Detailpläne, nach denen Sie arbeiten und Material bestellen können.
- Keine Scheu vor Profi-Rat!

# Kleine Technik-, Material- und Werkzeugkunde

Auch wenn Sie nur ein paar Quadratmeter pflastern, einen schmalen Kiesweg oder eine einfache Knüppeltreppe anlegen wollen – ganz ohne Technik- und Materialkenntnisse sollten Sie mit der Verwirklichung Ihrer Pläne im Garten nicht beginnen.

Ein guter Unterbau ist das A und O jeder Pflasterfläche, ohne ihn haben Sie wenig Freude an Ihrem Eigenbau.

Viel mehr Spaß macht die Arbeit im Garten, wenn man sich die Hilfsmittel und Kenntnisse der Profis zunutze macht und bei Bestellungen und Nachfragen im Fachhandel weiß, von welchem Produkt das dortige Personal spricht. Zudem kann man mit Hilfe von professionellem Werkzeug und geeigneten Maschinen so manchen Muskelkater, wertvolle Zeitverluste sowie Ärger über unbefriedigende Ergebnisse vermeiden.

## Materialien für Unterbau und Verfugungen

Ein guter Unterbau ist das A und O beim Wege- und Terrassenbau. Er soll genügend Festigkeit für die Beläge garantieren und überschüssiges Wasser ableiten. Die dafür benötigten Materialien bilden deshalb in der Regel einen festen Bestandteil Ihrer Kostenrechnung.
Sie können die Materialien für den Unterbau im örtlichen Sand- und Kieswerk, im Quetschwerk sowie in kleinen Mengen auch direkt im Baustoffhandel beziehen. Dabei ist zu beachten, dass es sich hier um relativ schwere Produkte handelt, die in der Regel lose transportiert werden müssen. Am besten beschaffen Sie sich einen Anhänger und fahren eventuell mehrmals zum Kieswerk, oder Sie lassen sich das Material komplett liefern.

◀ Ganz ohne passendes Werkzeug geht es nicht. Vieles lässt sich ausleihen, was die Arbeit erheblich erleichtert.

### Schotter als unterste Schicht

Unter Schotter versteht man maschinell im Kieswerk gebrochenes Hartgestein (Granit, Basalt oder Porphyr) mit einem Durchmesser zwischen 3 und 7 cm. Erhältlich ist Schotter im nächstgelegenen Kies- und Quetschwerk oder im Baustoffhandel.

Für starken Gewichten ausgesetzte Flächen oder Untergründe, auf denen Oberflächenwasser nur schlecht ablaufen oder versickern kann, empfiehlt sich eine 30–40 cm starke Schotterschicht (»Frostkoffer«), die mit einer Rüttelplatte verdichtet werden muss.

### Frostschutzkies

Diese Kiesart wird auch Wandkies genannt und ist als unterste Schicht wie Schotter zu verwenden. Hierbei handelt es sich um eine Mischung aus Kiesel verschiedenster Größe und feinerem Material, das sich auf Grund der natürlichen Beschaffenheit bei Frost nicht verändert.

Frostschutzkies ist ideal, um als unterste Schicht Halt zu geben und Schutz vor Frostschäden zu gewährleisten.

Das Material wird von den Seitenwänden in den Kiesgruben gewonnen und kann wie Schotter im Sand- und Kieswerk bezogen werden. Der Einbau erfolgt wie bei Schotter beschrieben.

Splitt lässt sich auch für den Bau von relativ festen, gut begehbaren Kieswegen hervorragend verwenden, da er sich verkeilt und eine Verbindung mit dem Unterbau eingeht. Hier kann dann mit der Wahl des Gesteins die Farbe des Weges bestimmt und festgelegt werden.

## Splitt als Arbeitsfläche und zum Verfugen

Splitt, auch Schlag genannt, wird maschinell im Kies- und Quetschwerk hergestellt. Die kleinen, kantigen Natursteinchen besitzen einen Durchmesser von 5–25 mm und verkeilen sich zu einer festen Tragfläche, die sich gut mit Hilfe eines Brettes, einer so genannten Abziehlatte, ebnen lässt. Gebräuchlich ist Kalkschotter, aber auch Granit, Basalt oder Porphyr werden zur Splittherstellung verwendet. Kaufen können Sie Splitt im nächstgelegenen Kies- und Quetschwerk sowie im Baustoffhandel.

Für den direkten Unterbau von wenig begangenen Flächen, für den Zweitsitzplatz oder ein kleines Pflasterrondell reicht eine etwa 20 cm starke Schicht aus Splitt direkt über dem gewachsenen, verdichteten Boden in der Regel aus. Allerdings müssen auch für diese Nebenflächen sowohl ein reibungsloser Wasserablauf als auch ein tragfähiger Untergrund gewährleistet sein.

Besonders beim Pflasterbau eignet sich Splitt hervorragend zum Verfugen, da bei dieser Art des Verlegens die Abstände zwischen den einzelnen Steinen relativ groß sind. Die Steinchen verkeilen sich in den Fugen und tragen zu einer dauerhaften Festigkeit des Pflasterbelages bei.

## Sand für Platten und Klinker

Auch Sand ist als zweite Schicht über Schotter oder gewachsenem Boden als Unterbau geeignet. Allerdings sollte er absolut frei von organischen Stoffen (Erde, Wurzelstückchen etc.) sein, da er sonst zu sehr verdichtet und die Wasserabfuhr nach unten im Laufe der Jahre nicht mehr garantiert ist. Sand

Splitt wird gerne als Tragschicht für Pflaster- und Plattenbeläge verwendet, eignet sich aber auch zum Verfugen.

wird wie Splitt verwendet und ist vor allem für Plattenbeläge gebräuchlich, da hier auch große Formate satt aufliegen können.

## Quarzsand zum Verfugen

Dies ist das richtige Material, um Plattenflächen und Klinkerbeläge zu verfugen, denn seine feinkörnige Struktur verfüllt zuverlässig kleinste Fugen und Ritzen besonders von Plattenbelägen mit glatten, etwas empfindlicheren Oberflächen. Der helle, pulvrige Sand wird trocken eingekehrt. Erhältlich ist Quarzsand im Baustoffhandel und im gut sortierten Baumarkt in Säcken.

## Beton und Mörtel als Unterlage

Beton und Magerbeton herzustellen ist relativ einfach. Ein Beton für Streifenfundamente muss mehr Zement enthalten als Magerbeton, mit dem Sie Randsteine befestigen.

Fliesen werden auf einem Betonbett verlegt. Ich rate, die Betonarbeiten von einer Fachfirma ausführen zu lassen, Fliesen verlegen und verfugen können Sie anschließend in Eigenregie. Sollten Sie sich dennoch an das Betonieren wagen, benötigen Sie dazu einen tragfähigen Unterbau aus Schotter, auf dem Sie eine gut 20 cm dicke Betonschicht mit mindestens 3% Gefälle aufbringen, Betonmischer oder Mörtelwanne, Zement, Kies und Wasser sowie Baustahlmatten zur Festigung. Mischen Sie Kies und Zement mit etwas Wasser, bis die breiige Konsistenz des Betons erreicht ist. Dabei kann der Anteil des Kieses die fünf- bis sechsfache Menge im Vergleich zum Zement betragen.
Damit die Masse nicht auseinander läuft, muss aus Brettern oder anderem, möglicherweise biegsamem Material (für runde Formen) eine Begrenzung geschaffen werden. Bringen Sie das Material lagenweise ein und legen Sie nach etwa 10 cm Baustahlmatten auf der gesamten Fläche aus. Weiter mit Beton verfüllen und die oberste Schicht mit Hilfe eines Brettes ebnen, bis eine glatte Fläche entsteht. Auf diese Betonfläche können Sie dann nach deren Aushärtung (mindestens fünf Tage) Fliesen oder Platten mit Spezialkleber aufbringen. Speziellen Fugenmörtel hierfür erhalten Sie im örtlichen Fachhandel.
Betonarbeiten dürfen nicht bei Frostgefahr ausgeführt werden, aber auch direkte Sonnenbestrahlung (erzeugt Risse) und Dauerregen sind Feinde guter Betonflächen. Decken Sie deshalb in beiden Fällen mit Kunststoffmatten ab, jedoch nicht dichtschließend, damit der Beton darunter austrocknen kann.
Pflastersteine, aber auch Plattenbeläge lassen sich auf einer Schicht aus **Magerbeton** gut

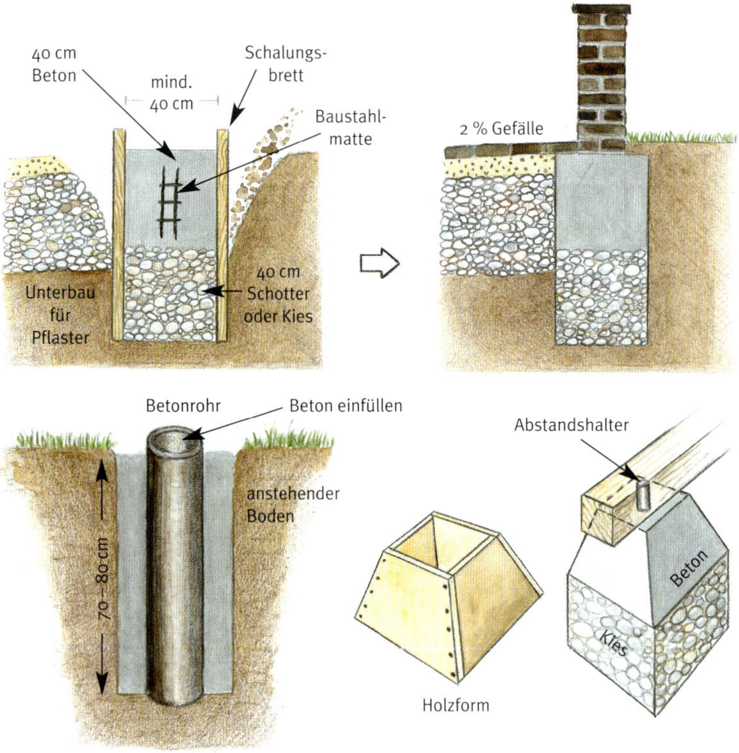


Oben: Streifenfundamente für Mauern benötigen beim Bau einen seitlichen Halt. Punktfundamente können aus fertigen Betonröhren bestehen oder in einer Form selbst gegossen werden.

verankern, die ebenfalls einen festen Unterbau aus Schotter und Splitt haben muss. Magerbeton ist bedeutend trockener als normaler Beton, benötigt deshalb keine seitliche Eingrenzung und lässt sich mit Schaufel und Kelle gut verarbeiten. Der Nachteil von Magerbeton und Beton ist, dass keine Wasserdurchlässigkeit mehr gewährleistet ist und sehr genau mit Gefälle und eventuell sogar mit Entwässerungseinrichtungen gearbeitet werden muss. Verfugt wird mit Mörtel oder speziellem Fugenmaterial aus dem Fachgeschäft. Erhältlich sind alle Materialien, zum Teil auch als praktische Fertigmischungen, im Baufachhandel. Auch Mörtel für den Mauerbau, Verputze und Farben erhalten Sie im Fachhandel als Fertigmischung.

## Betonfundamente für verschiedene Zwecke

Mauern, Holzböden, Pergolen und Sichtschutzwände – sie alle müssen sicher im Boden verankert werden.

Beim Bau von Mauern werden meist **Streifenfundamente** eingesetzt. Je nach Mauerhöhe und Mauerart wird dieses Betonfundament (Mischung »Beton« Seite 25) frostfrei, also mindestens 80 cm tief, oder auf einem Schotterbett mit etwa 40 cm Stärke gebaut. Die Breite dieses Betonbettes sollte mindestens 40 cm betragen. Wichtig ist, dass die Betonschicht einige Zentimeter unter dem angrenzenden Niveau endet, damit später von ihr nichts mehr zu sehen ist. Sie heben den gewachsenen Boden bis zur erforderlichen Tiefe aus, bringen – je nachdem, welche Formen Sie mauern wollen – entweder biegsame Folie oder dünne Holzwände in den Bereichen ein, die über dem derzeitigen Bodenniveau liegen, und verfüllen lagenweise mit Beton. Besonders viel Stabilität erhalten Sie auch hier, wenn Sie Baustahlmatten einstellen. Schlämmen Sie immer wieder mit Wasser nach und entfernen Sie die seitlichen Halterungen nach

So sieht ein fertiges, bereits wieder angeschüttetes Streifenfundament aus. Darauf wird gemauert.

dem Abhärten. Auch hier gilt: keine direkte starke Sonnenbestrahlung, kein Dauerregen und keine Frostgefahr!
**Punktfundamente** werden beim Pergolabau, aber auch bei dem Bau von Sichtschutzwänden und dem Verarbeiten von Holzböden eingesetzt. Hierfür gräbt man ein etwa 70–80 cm tiefes Loch, bringt eine Beton- oder Kunststoffröhre mit einem Durchmesser von 10 bis 25 cm ein und richtet sie gerade aus. Ringsum wird Erde aufgefüllt und gut verdichtet, damit nichts mehr wackeln kann. Dann verfüllt man die Röhre mit Beton und setzt in den noch weichen Beton die Halterungen für Pergola usw. ein. Dabei ist darauf zu achten, dass die Halterungen senkrecht sitzen, die richtige Höhe und den genauen Abstand zu weiteren Punktfundamenten haben. Späteres Nachkorrigieren ist nicht mehr möglich. Weiteres zu diesem Thema erfahren Sie ab Seite 86.

## Folien und Vliese als Schutz

Manchmal ist es nötig, Mauerwerk vor Hangwasser und anderen Feuchteschäden zu schützen oder einfach nur Unkraut fern zu halten. Wasserdichte Folien gegen Feuchteschäden können genoppt sein, um zwar kein Wasser eindringen zu lassen, dafür aber Luftzirkulation zu ermöglichen (siehe Bild Seite 24). Teichfolien zwischen Stützmauer und Erdreich verhindern jeden Wasserdurchfluss, und Vliese lassen zwar Wasser, aber keine Verunreinigungen wie Erde oder Sand durchsickern. Je nach Bedarf werden diese Folien eingesetzt. Auch Dachpappe hat sich als Wasserschutz hinter Mauern bewährt. Im Bodenbereich können wasserdurchlässige Vliese auch Verwendung finden, um unter einer Holzgitterfläche das Aufkeimen von Unkraut zu unterbinden oder Kies- und Mulchwege auf diese Weise über lange Zeit nahezu unkrautfrei zu halten. Hier werden die Vliese zwischen Unterbau und begangener Schicht eingebracht.

## Leitungen für Strom und Wasser

Bringen Sie Leitungen möglichst vor dem Pflastern und Platten-

Auch kleine Wasserbecken benötigen wenigstens Strom für die Umwälzpumpe. Planen Sie eine größere Wasseranlage, empfiehlt es sich, zusätzlich die passende Wasserleitung mit einzuplanen.

legen in den Boden. Stromleitungen erhalten am besten einen Kabelschutz aus Kunststoff, was ein Austauschen des Kabels bei Defekt erheblich erleichtert, und werden in den Unterbau in einer Tiefe von etwa 40–50 cm unter dem endgültigen Niveau verlegt.
Auch Wasserleitungen sollten gleich mit eingebracht werden. Allerdings ist es nur dann notwendig, die Leitung in frostfreier Tiefe zu verlegen, wenn Sie auch im Winter das Wasser in Brunnen oder Gartenteich sprudeln lassen wollen.

### Licht im Garten

Kleine Lichtpunkte am Ende von Glasfaserkabeln in Blockstufen und Mauern, leuchtende Pflastersteine, solarbetriebene Gartenleuchten, die ohne Hausstrom auskommen, Unterwasserstrahler – hier heißt es, sich ganz nach seinen eigenen Bedürfnissen zu informieren. Im Prinzip ist alles möglich, die Voraussetzungen für Ihre Lichtträume sollten Sie jedoch bereits in der ersten Bauphase schaffen, was bedeutet, dass Sie sich sehr früh mit der Beleuchtungsfrage befassen müssen, um spätere kostspielige Nachrüstungen zu vermeiden.

Naturstein gibt es in unendlich vielen Varianten, vom fast schwarzen Basalt über grauen Granit hin zum roten Porphyr, vom Sand- über den Kalkstein bis zum meist edlen Marmor in allen seinen Farben.

## Die Qual der Wahl: Womit pflastern, mauern, bauen?

Häufig entscheidet der Geldbeutel, welches Material im Garten Einsatz findet. Aber auch Umweltschutz und Transportwege sollten in die Überlegungen mit einbezogen werden. Eine kleine Orientierungs- und Entscheidungshilfe sollen die nachstehenden Materialbeschreibungen darstellen.

### Natursteine – uralte Produkte unserer Erde

Naturstein wird, wie der Name schon sagt, aus natürlichen Vorkommen gewonnen. Über die ganze Welt verteilt gibt es Steinbrüche mit den unterschiedlichsten Steinarten, deren Zusammensetzung je nach Art der Entstehung sehr verschieden sein kann. In der Regel werden die Steine im Tagebau gefördert und mit Hilfe von Spezialmaschinen zu großen Blöcken geschnitten, um dann in einer Werkhalle in mehr oder weniger dicke Scheiben zersägt zu werden. Diese dienen dann als Ausgangsmaterial für Gartenplatten und Pflastersteine aller Art.
Dabei ist – grob – zu unterscheiden zwischen Hart- und Weichgestein, was für die Bearbeitung und den Einsatz im Garten durchaus von Bedeutung sein

kann. Naturstein ist meist etwas teurer als industriell gefertigtes Material. Allerdings lässt sich viel Geld sparen, indem man sich für eine Steinart aus der näheren Umgebung (Transportkosten!) entscheidet und bei verschiedenen Steinmetzen und Natursteinfirmen Angebote einholt. Mit etwas Glück finden Sie bei Ihrer Suche nach dem geeigneten Material auch alte, bereits patinierte Natursteinplatten und Mauerteile, die Sie in Ihrem Garten einbauen und mit anderen Materialien kombinieren können.

**Hartgesteine** sind zum Beispiel Granit, Gneis, Porphyr und Basalt, die sehr hart, frostfest, von dauerhafter Haltbarkeit, jedoch für den Laien sehr schwer zu bearbeiten sind. Sie bildeten sich tief im Erdinneren und kühlten unter hohem Druck langsam ab. Gerne verwendet werden Hartgesteine für Mauern und als Pflastersteine, für Steinstelen sowie Kantensteine im Straßenbau.

• Granit und Gneis haben eine relativ grobkörnige Struktur, sind teilweise von Glimmer- und Feldspatschichten durchzogen und weisen alle Grauschattierungen von hell bis dunkel, seltener rötliche und sogar leicht grüne Färbungen auf.

• Porphyr bietet rote und ins Gelb gehende Farbtöne, ist wegen seines geringeren Vorkommens jedoch teurer als Granit.

• Basalt hat eine graue bis schwarze Färbung und wirkt sehr schön auf kleinen, verwunschen gelegenen Flächen. Basalttuff ist wegen seiner großen Poren besser zu bearbeiten und sehr griffig.

**Weichgesteine** sind zum Beispiel alle Kalkgesteine, Nagelfluh, Sandsteine, Schiefer und Marmor. Sie sind in der Regel gut zu bearbeiten und eignen sich hervorragend als Gartenplatten und zum Bau von Mäuerchen und Treppen.

• Muschelkalk ist ein weit verbreiteter Kalkstein, dessen schöne Struktur durch Einschlüsse von Muscheln herrührt. Hellgraue bis gelbliche Farbtöne herrschen vor, wobei dies je nach Herkunft variieren kann.

• Travertin wird im Garten gerne verwendet, kann aber – je nach Herkunft – sehr brüchig sein. Sein Farbenspiel geht von Beige bis Braun.

• Kalktuffe sind sehr gut zu bearbeiten und relativ porös. Diese Steinart ist sehr hell, fast weiß und lässt dank nicht zu glatter Oberfläche Moosen, Flechten und sogar kleinen Farnen Platz zum Gedeihen.

Rote, bruchraue Sandsteinplatten kombinieren sich hervorragend mit einem bunten Kleinsteingemisch.

• Nagelfluh wird besonders in Süddeutschland gerne verwendet. Plattenbeläge und Mäuerchen in warmen Grau- und Beigetönen erhalten durch sein grobporiges Gepräge ein sehr abwechslungsreiches Bild.

Edel und ein wenig kühl wirken diese unregelmäßig geformten Granitplatten, sie lassen den Weg ruhig dahinfließen.

Leider lässt er sich auf Grund seiner hohen Festigkeit und groben Struktur nur schwer bearbeiten.

- Sandsteine können von grober oder feiner Struktur, von heller oder dunkler Farbe sein. Von hellstem Gelb bis zu dunklem Rot reicht die Farbenpalette. Allen gemein sind gute Bearbeitbarkeit, relativ gute Haltbarkeit und uneingeschränkte Einsatzmöglichkeit im Hausgarten.
- Schiefer gehört auch zu den Weichgesteinen und lässt sich sehr gut als bruchrau gespaltenes, unregelmäßig verlegtes Pflaster einsetzen. Die dunkle Farbe hat dabei einen ganz besonderen Reiz. Schiefer ist sehr dauerhaft und gut bearbeitbar.
- Marmor ist ebenfalls ein »weiches« Gestein und lässt sich von allen Kalken am schönsten polieren. Alle Farbschattierungen sind denkbar. Das Material ist sehr beständig und frosthart.

**Oberflächenstruktur und Bearbeitung von Naturstein**

Je nach Steinart wird die Oberflächenstruktur anders ausfallen. So lassen sich Schieferplatten sehr schön spalten und bruchrau verwenden, viele Sandsteinoberflächen durch Scharrieren, Stocken und Riffeln individuell gestalten, Granite hervorragend spitzen und Marmore schleifen und polieren. Erkundigen Sie sich beim Steinmetz oder einem Natursteinbetrieb und fällen Sie dann Ihre individuelle Entscheidung. Dort können Sie auch die bearbeiteten Steine und Platten bestellen, Sondermaße anfertigen und die schwere Fracht anliefern lassen.

Wie Sie Platten teilen und Pflastersteine bearbeiten, erfahren Sie auf den Seiten 53 und 48.

Naturstein, aber auch Beton lässt sich vielfältig bearbeiten: zum Beispiel durch Spitzen (bei den Stelen) oder Polieren (bei den Stufen).

## Verarbeitung von Beton und Betonprodukten

Beton ist, besieht man sich seine Inhaltsstoffe, eigentlich ein Naturprodukt. Zement, Kies oder Splitt, Sand, Farbstoffe und Wasser werden vermengt und ergeben nach der Trocknung einen steinartigen Werkstoff, mit dem sich im Garten alles bauen lässt. Ob als Fertigteil oder nach eigenen Ideen maßgeschneidert, ob rustikal oder elegant – die Verwendung von Betonprodukten ist für viele Gartenbesitzer eine gute Alternative zu den in der Regel teuereren Natursteinen. Allerdings hat Beton meist nicht die »Lebendigkeit« von natürlich gewachsenem Material, aber die Industrie ist hier sehr einfallsreich, so dass manches Pflaster erst auf den zweiten Blick als »unecht« erkannt wird. Alle Betonteile lassen sich mit Hilfe eines Winkelschneiders in die passende Form schneiden.

**Fertigteile, Pflaster und Platten** sind in den verschiedensten Ausführungen auf dem Markt, und für jeden Zweck ist geeignetes Material erhältlich. Je nach Geschmack finden Betonteile mit sehr glatter, aber auch bearbeiteter Oberfläche im Garten Verwendung.
Stark beanspruchte Flächen können mit Pflaster, zum Beispiel Verbundsteinpflaster, belegt werden, dessen einzelne Steine mit einer so genannten **Verschleissschicht** versehen sind. Diese ist besonders hart und hält auch größten Beanspruchungen stand.

Eine preisgünstige Variante ist das Verwenden von Betonelementen. Hier entstand aus quadratischen Betonplatten und rötlichem Porphyrkleinstein ein sehr hübscher Eingangsbereich.

## Klinker, Ziegel und Keramik im Hausgarten

Für Wege und Plätze im Garten, aber auch den Bau von unverputzten Mauern eignen sich nur die speziell dafür hergestellten Klinker, die keine Löcher besitzen und damit so genannte Vollziegel sind. Für die Klinkerherstellung wird der Ton besonders heiß gebrannt, behält seine Struktur über viele Jahrzehnte bei und ist deshalb sehr frosthart. Besonders in Gegenden, die nur sehr geringe natürliche, für den Garten brauchbare Steinvorkommen besitzen, ist Klinker wegen seiner Haltbarkeit seit Jahrhunderten eine sehr gute Alternative zum Naturstein.
Klinker gibt es in vielen **Farbschattierungen** vom goldgelben Sandton über Ocker bis hin zu dem bekannten dunklen Rot. Geflammte Klinker sind in der Optik meist sehr unruhig.

Rote und gelbliche Klinker gibt es in vielen Formen und sogar quadratisch, etwa als Münchner Pflasterstein.

**Gängige Größen** sind 24 x 11,5 cm und 22 x 10,5 cm, aber auch andere Formate sind möglich. So gibt es im süddeutschen Raum die Münchner Pflastersteine mit den Maßen 21 x 21 cm, die zudem mit hübschen Mustern versehen sind. Aber auch kleinere oder andere quadratische Formate sind im Handel erhältlich.

**Lochziegel**, wie sie für den Hausbau verwendet werden, können als Material für verputzte und gestrichene Sitzmäuerchen, nicht jedoch als Bodenbelag Verwendung finden, da sie nicht frosthart sind und bei stärkerer Beanspruchung im Laufe der Zeit zerbröseln.

**Alte Mauerziegel** finden immer mehr Liebhaber, sind jedoch nur bedingt frostbeständig! Diese alten Ziegelformate, meist ungelocht, können Sie beim Besitzer eines Abbruchhauses erstehen und müssen sie dann von Mörtel und Verputz befreien. Wenn Sie Ihre damit neu aufgebaute Mauer gut verfugen und mit einer schützenden Rollschicht (siehe Bild Seite 14) versehen, haben Sie einen sehr natürlich wirkenden Blickfang in Ihrem Garten.

**Keramikfliesen** können die Terrasse optisch mit dem Fliesenbelag des Wohnzimmers verbinden, eine pflegeleichte Fläche bilden und mediterranes Flair herbeizaubern. Achten Sie darauf, nur spezielle frostfeste Keramik für den Außenbereich zu verwenden.

Wenn möglich sollten Klinker aus verschiedenen Paletten oder Chargen Verwendung finden, die gemischt verlegt werden und damit ein sehr natürliches Bild ergeben.

Frostfeste Fliesen in allen Farben und Formen können jedem Gartenbereich eine ganz besondere Note verleihen.

## Holz als attraktives und vielseitiges Baumaterial

Pergola und Sichtschutzwand, Terrasse und »schwebende« Konstruktionen (siehe Seite 62) lassen sich sehr gut aus Holz herstellen. Dabei ist zu überlegen, welche Holzart Verwendung finden soll. In der Regel zu bevorzugen sind heimische Hölzer, die, mit der richtigen Imprägnierung (zum Beispiel Vakuum- oder Kesseldruckimprägnierung) versehen, sehr lange haltbar sind. Richtig verarbeitet (Schutz vor Bodennässe, schnelles Abtrocknen, Pfostenkappen), können diese Hölzer über Jahrzehnte im Garten überdauern. Tropische Hölzer haben den Vorteil, relativ gut ohne Behandlung auszukommen, sind jedoch wegen der

langen Transportwege und aus Gründen des Umweltschutzes zweite Wahl.
• Sehr dauerhafte Holzarten sind zum Beispiel Robinie, Eiche, Ulme und Lärche.
• Etwas weniger Dauerhaftigkeit weisen Fichte (wenig Maserung), Kiefer (kräftige Maserung), Tanne und Esche auf, wobei jedoch besonders Fichte und Kiefer wegen ihrer guten Verarbeitbarkeit und des relativ geringen Preises viel Verwendung im Gartenbereich finden.
• Die Douglasie (rötliches Holz) ist eine sehr haltbare europäische Baumart, deren Holz sogar ohne Kesseldruckimprägnierung viele Jahre im Freien überdauert.

Aus einfachen Holzstaketen, hier Fichtenholz, lässt sich schnell eine hübsche Trennwand im Garten bauen.

Ein sehr haltbares Holz ist das der Douglasie, mit angenehm rötlicher Farbe und zugleich sehr pflegeleicht.

• Tropenhölzer wie Bongossi-Holz, Teak und andere sind sehr haltbar, wegen des langen Transportweges jedoch sehr teuer.
• Eventuell auftretende Trockenrisse, das Austreten von Harz, Verdrehungen und Farbabweichungen sind nicht zu vermeiden und zeigen uns, dass es sich bei Holz um ein lebendiges Naturmaterial handelt.
• Alte Eisenbahnschwellen dürfen wegen austretender Öl- und anderer giftiger Rückstände nicht mehr verwendet werden, dafür gibt es im Fachhandel Holzblöcke mit nahezu identischen Maßen.

Verwenden Sie kesseldruckimprägniertes Holz. Hier werden unter hohem Druck wassergelöste Salze in die Fasern des Holzes gepresst, die dann erheblich länger der Witterung trotzen.
Alle Hölzer lassen sich lasieren und farbig gestalten. Verwenden Sie aber nur umweltverträgliche Farben und Lacke. Auch Holzpflegeöle schützen die Holzoberflächen sehr dauerhaft.

## Metall im Garten

Alle Metallteile, die Sie im Außenbereich verwenden, sollten aus rostfreiem Material bestehen – von der Pergola bis hin zur kleinen Schraube. Edelstahl, feuerverzinktes Eisen, pulverbeschichteter Stahl, rostfreie Schrauben und Nägel sind zwar in der Anschaffung zuerst etwas teurer, zahlen sich aber durch Dauerhaftigkeit und Wartungsfreiheit aus.
Manche Rankgerüste und Rosenbögen erhalten Sie auch als kunststoffummantelte Fertigteile, ebenso Abstandshalter und weiteres Zubehör.

Die Rüttelplatte für die Verdichtung des Unterbaus gibt es in verschiedenen Größen im Fachhandel zu leihen.

# Für den Eigenbau nützliche Maschinen und Werkzeuge

Einfacheres Werkzeug wie Schaufeln, Rechen oder Schlagbohrmaschine finden sich in jedem Gartenhaushalt. Besonders für den Wege- und Terrassenbau ist jedoch Spezialgerät sinnvoll, das die Arbeit erleichtert und bei Maschinenverleih-Firmen und den Mietabteilungen großer Baustoffhändler kurzfristig auszuleihen ist. Auch Gartenbaufirmen oder die Lieferanten von Pflaster- und Plattenmaterial vermieten manchmal ihr Gerät. Preisvergleiche lohnen sich.

## Welche Maschinen sind sinnvoll?

**Rüttelplatte:** Sie ist sehr hilfreich bei der Verdichtung größerer Flächen. Mit ihrer Hilfe lässt sich ein Unterbau von einer Stärke bis zu 40 cm gleichmäßig ebnen und verdichten. Sie ist relativ leicht zu handhaben und erspart sehr viel Kraft- und Zeitaufwand. Da sie relativ schwer ist, muss der Transport vom Verleiher zum Einsatzort rechtzeitig geklärt werden.
Rüttelplatten mit einer dämpfenden Gummischicht finden

Der Rüttelstampfer ist etwas schwierig zu handhaben, tut aber besonders auf kleinen Flächen gute Dienste.

Verwendung beim Einrütteln von Fugenmaterial auf empfindlicheren Pflasterflächen wie zum Beispiel Klinkerverbänden.
**Rüttelstampfer:** Dieses Gerät ist mit Vorsicht zu genießen, da es schwierig zu handhaben ist. Allerdings lassen sich kleinere Flächen, die einen sehr starken Unterbau benötigen, zuverlässig verdichten.
**Rüttelwalze:** Hier verdichten zwei große vibrierende Walzen den Untergrund. Auch für das Abwalzen und Verdichten von bereits verlegten Pflasterflächen ist die Rüttelwalze gut geeignet. Als Zubehör können Sie einen Gummischutz für die Walzen leihen, der empfindliche Oberflächen schont.

**Winkelschleifer, Flex, Nassschneidegerät:** Mit ihrer Hilfe lassen sich Natur- und Betonsteine aller Art in die gewünschte Form schneiden. Da Winkelschleifer und Flex ohne Wasser arbeiten, entsteht hier sehr viel Staub. Schutzbrille aufsetzen!
**Schlagbohrmaschine:** Für Verankerungen im Mauerwerk, aber auch für Holzarbeiten wird eine Bohrmaschine gebraucht. Sie sollte links- und rechtsdrehend arbeiten können, um Schraub- und Montagearbeiten zu erleichtern.
**Meißelhammer:** Für spezielle Steinarbeiten, aber auch für das Bearbeiten von Betonmäuerchen tut er gute Dienste.

Für die Bearbeitung sehr großer Flächen können Sie einen Minibagger mitsamt Personal ausleihen.

**Betonmischer:** Wenn Sie eine größere Fläche oder ein langes Fundament zu betonieren haben, lohnt sich das Ausleihen einer Betonmischmaschine.
**Größere Maschinen:** Für größere Erdbewegungen, zum Beispiel den Aushub eines Gartenteiches, Gräben für Zaunarbeiten, große Terrassenflächen oder lange Wege, lohnt es sich, einen Kleinlader oder/und einen Minibagger auszuleihen. Wer mit derartigem Gerät keine Erfahrung hat, sollte jemanden engagieren, der die Arbeiten erledigen kann, oder gleich Bedienungspersonal mit ausleihen.
**Pkw-Anhänger:** Größere Maschinen wie Rüttler, Material für den Unterbau, Platten und vieles mehr lassen sich hiermit transportieren. Beachten Sie jedoch, dass das Zuladegewicht des Anhängers und das Ihres Pkw nicht überschritten werden.

## Werkzeug und hilfreiches Zubehör

Nichts ist ärgerlicher, als wegen eines nicht zurechtgelegten Werkzeugs die Arbeit unterbrechen zu müssen. Überlegen Sie deshalb vor Arbeitsbeginn, ob Sie alles Benötigte in Ihrem Werkzeugfundus haben. Neben Selbstverständlichkeiten wie

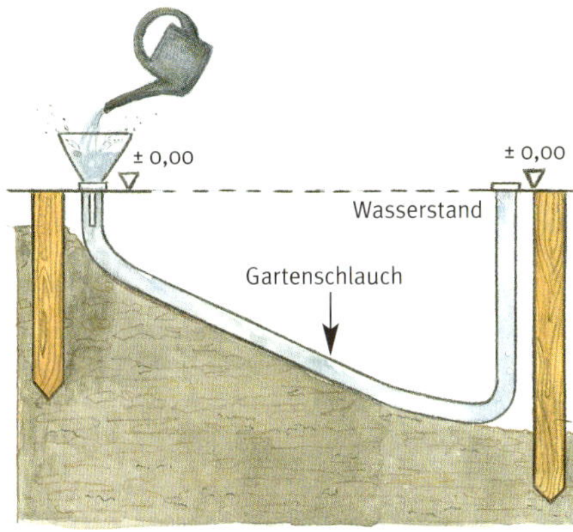


Die Schlauchwaage findet ihren Einsatz auf welligem Gelände. Mit ihrer Hilfe finden Sie immer die Waagerechte.

Meterstab, Rollbandmaß und Kabeltrommel, Schubkarre, Schaufel, Spaten, Spitzhacke, Rechen, Besen und Arbeitshandschuhen können die Folgenden gute Dienste leisten:
**Wasserwaage und Schlauchwaage:** Mit Hilfe einer Wasserwaage, die möglichst lang sein sollte, ermitteln Sie waagrechte und senkrechte Fluchten. Eine Schlauchwaage tut besonders in welligem Gelände gute Dienste. Wie ein U gebogen, wird sie mit Wasser aufgefüllt, und die beiden Wassersäulen zeigen uns sehr genau die absolute Waagerechte an (siehe Zeichnung).
**Richtlatte:** Sie ist eine gute Hilfe zum sauberen Abziehen der Splitt- oder Sandschicht, auf der die Platten oder das Pflaster verlegt werden sollen.

Für die Herstellung eines geraden Untergrundes benötigen Sie Schnureisen und Richtschnur, Richtlatte und Wasserwaage, Winkeleisen sowie Schaufel und Rechen zum Glattziehen der Fläche.

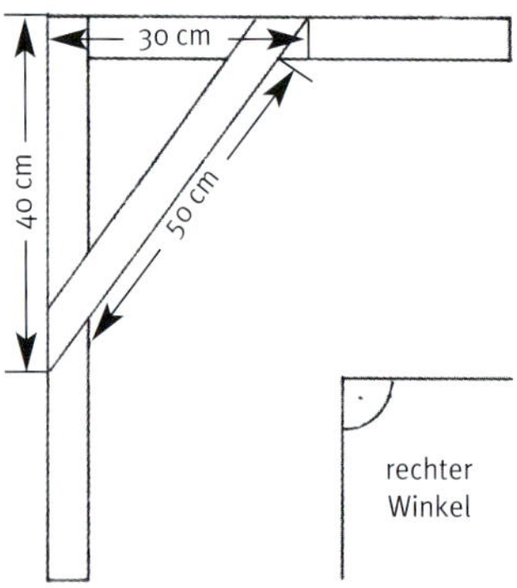


Einen rechten Winkel erhalten Sie zuverlässig mit der 30-40-50-Regel.

Sie muss gerade sein und kann aus Holz oder Aluminium bestehen. Diese Latte wird über zwei parallele Holz- oder Metallleisten gezogen, die wie »Schienen« in der richtigen Höhe verlaufen. Dazwischen erhalten Sie eine glatte Fläche.

**Winkeleisen und 30-40-50-Regel:** Einen rechten Winkel zuverlässig zu bestimmen ist gar nicht so einfach. Winkeleisen aus Stahl sind sehr hilfreich, nachmessen können Sie jedoch auch mit Hilfe von drei Latten, die Sie wie folgt aneinander reihen: Möglichst rechtwinklig zwei Latten aneinander legen und mit einer dritten Latte quer verbinden. Diese Latte ist 50 cm lang und trifft eine Latte bei 30 cm, die andere bei 40 cm (siehe Zeichnung). Auf diese Weise erhalten Sie einen genauen rechten Winkel.

**Schnureisen und Richtschnur:** Können bei einem Garten- oder Straßenbaubetrieb ausgeliehen werden. Diese Eisenstangen sind angespitzt, etwa 80 bis 120 cm lang und tun gute Diens-

Mit Hilfe von Schnureisen, die man ausleihen kann, sowie einer Richtschnur lässt sich jede Form verwirklichen.

te bei der Höhen- und Lagebestimmung. Selbstverständlich können Sie auch normale Holzpflöcke verwenden. Mit einer Schnur aus Nylon oder anderem Material verbinden Sie die einzelnen Pflöcke und erhalten auf diese Weise zuverlässige Maße, nach denen Sie arbeiten können.

**Gartenschlauch, Sprühfarbe:** Sowohl Gartenschlauch als auch Sprühfarbe dienen dazu, um die Konturen geschwungener Wege am Boden zu markieren. Für Betonarbeiten und zum Einschlämmen von Fugenmaterial ist der Gartenschlauch sehr nützlich.

**Plattenheber:** Gerät, mit dessen Hilfe man Platten hochheben und passgenau ablegen kann (siehe Seite 57). Im Fachhandel auszuleihen.

**Hämmer:** Sehr praktisch ist der Fäustelhammer, mit dem sich Pflöcke einschlagen und Steine grob bearbeiten lassen. Maurerhammer sind auf einer Seite flach, auf der anderen spitz zulaufend und lassen sich für viele Steinarbeiten gebrauchen. Nützlich ist ein kräftiger Gummihammer, mit dem schonend empfindliche Platten und Pflastersteine eingeklopft werden können.

**Meißel und Scharriereisen:** Für die Steinarbeit brauchen Sie

Ein wichtiges Werkzeug ist der Gummihammer, mit ihm kann man jeden Stein schonend einklopfen.

einen Meißel, mit dem Sie Platten teilen und Pflastersteine brechen können. Es gibt verschiedenste Formen, zum Beispiel den Schlagmeißel für die Bearbeitung von Kanten und das Entfernen größerer Unebenheiten. Auch das Scharriereisen gehört dazu, wenn Sie einen Stein glätten und von Unregelmäßigkeiten befreien wollen.

**Werkzeug zum Verfugen:** Für Mauern und Treppen, die eine Mörtelschicht zusammenhält, können die Fugen mit einem speziellen Fugeneisen gleichmäßig gestaltet werden. Hilfreich ist für größere Arbeiten zudem eine spezielle Mörtelwanne. Auch Schwamm und Wasser zum Reinigen verschmutzter Mauer- und Plattenpartien sollten bereitstehen.

**Sägen, Hobel, Schleifpapier, Schraubendreher:** Für das Arbeiten mit Holz können Sie Kreis- und Stichsägen, Hand- und Elektrohobel, Schleifmaschinen und spezielle Holzbohrer im Fachhandel ausleihen.

## auf einen blick

- Machen Sie sich mit den zu verwendenden Materialien vertraut.
- Für Unterbau und Fertigstellung von Pflaster- und Plattenflächen sind verschiedenste Materialien gebräuchlich, deren Bezeichnungen der Hobbygärtner kennen sollte.
- Denken Sie bereits im Planungsstadium an die Vorarbeiten für Beleuchtungseinrichtungen und Wasserleitungen.
- Jetzt sind Entscheidungen zu treffen, ob Natur- oder Betonstein, Kies, Holz oder Metall zum Einsatz kommen.
- Leihen Sie sich bei Bedarf Maschinen und Werkzeuge aus, die Ihnen viel Arbeit und Muskelkraft abnehmen.

# Vielfältige Wege und Plätze in Eigenbau gestalten

Seit Jahrtausenden befestigen Menschen viel genutzte Straßen, Wege und Plätze, um bequem und trockenen Fußes an ihr Ziel zu gelangen. Bis heute hat sich daran nichts geändert – nur das Angebot an verwendbaren Materialien ist um einiges größer geworden.

Zuerst werden die größeren Steine eingebracht und dann die Lücken mit kleinerem Material aufgefüllt.

Wurde in früheren Jahrhunderten ausschließlich mit handbehauenen Natursteinen gearbeitet, so stehen uns heute modernste Maschinen, Chemie und die Möglichkeit der Massenproduktion zur Verfügung, um Pflastersteine und Platten jeder Couleur herstellen zu können.
An der Art des Einbaus und der Verlegung hat sich jedoch nicht viel geändert: Ein guter Unterbau, saubere Ausführung, etwas technisches Geschick sowie ein Auge für ansprechende Gestaltung sind heute so wichtig wie zu früherer Zeit.

## Richtig pflastern Schritt für Schritt

Mit Steinformen, die nicht sehr groß und von eher kompaktem Aussehen sind, wird »gepflastert«. Nimmt man zum Beispiel einen würfelförmigen Kleinpflasterstein, Klinker oder einen handlichen Betonpflasterstein, so kann man sich leicht vorstellen, dass sich diese Formate ohne große körperliche Anstrengung relativ schnell in vielfältigen Reihungen und Kombinationen verwenden lassen. Auch Bachkiesel, Rundlinge aller Art und Holzpflaster gehören dazu und werden wie Pflaster verlegt. Noch bevor Sie mit dem Aushub beginnen, muss klar sein, welche Lasten die zu pflasternde Fläche zu tragen hat. So werden Sie für den Platz vor Ihrer Garage einen relativ starken, frostsicheren Unterbau benötigen, während für den schmalen Weg zum Zweitsitzplatz ein sehr einfacher Unterbau in der Regel ausreicht. Auch »frostfreie Tiefe« ist nicht immer gleich »frostfreie Tiefe«: In höheren Gebirgslagen wird man den Unterbau besser etwas stärker anlegen als in den milderen Gegenden des Rheintals, und auch die Wasserdurchlässigkeit des anstehenden Bodens spielt eine Rolle. Sind Sand und Kies noch relativ unproblematisch, so können Lehm- oder auch Moorböden beträchtliche Schwierigkeiten bereiten.

◀ Traumhaft schön und schnell verlegt sind diese rostroten Klinkerstreifen, in deren Fugen Moos wachsen darf.

Ein frostfrei gegründeter Unterbau verhindert, dass sich der Belag bei Frostperioden hebt und später wieder ungleichmäßig senkt.

**Werkzeug- und Materialliste für das Pflastern**

**Aufmaß:** Rollbandmaß, Winkeleisen, Holzpflöcke oder Schnureisen, Richtschnur

**Aushub:** Schaufel, Spaten, Hacke, je nach Größe der Fläche Minibagger, Schubkarre, Folie für Schüttgut, Pkw-Anhänger für Transport

Je nach Art der Belastung wird der Unterbau für Pflasterflächen stärker oder schwächer ausfallen: Befahrbare Plätze erhalten einen starken Unterbau (oben), häufig frequentierte Wege und Sitzplätze einen mittelstarken (mitte) und Nebenwege einen leichten (unten).

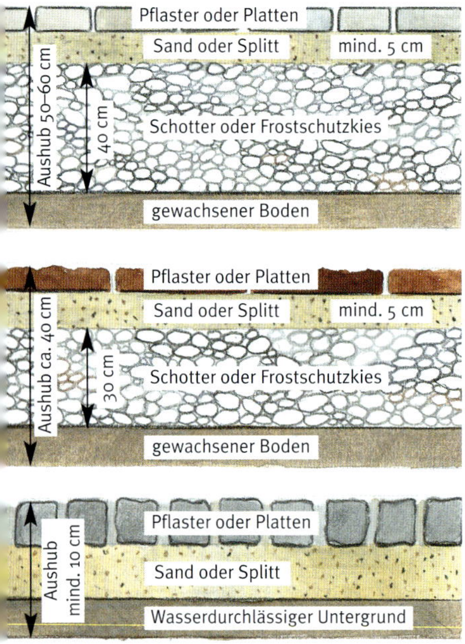


**Unterbau:** Je nach Belastbarkeit Schotter oder Frostschutzkies, Splitt oder Sand, eventuell Vlies bei moorigem Boden, Rüttelwalze oder Rüttelplatte ohne Gummischicht, für kleine Flächen Handstampfer, Abziehlatten oder -rohre

**Randsteine:** Randsteine, Magerbeton, Kelle, Mörtelwanne zum Anmischen, Gießkanne oder Gartenschlauch

**Pflastern:** Pflastermaterial, Wasserwaage, Richtlatte, Fäustel- oder Gummihammer, Handschaufel oder Kelle

**Verfugen:** Splitt oder Quarzsand, Besen, Rüttelwalze oder Rüttelplatte mit Gummischicht, Gartenschlauch

**Sonstiges:** Leitungen für Stromkabel und Wasserzufuhr, spezielle Schablonen für Verlegemuster, Sprühfarbe, Werkzeug für die Steinbearbeitung.

## Erster Schritt: Aufmaß und Aushub

An Hand Ihres **Detailplans** (siehe Seite 16) haben Sie bereits festgelegt, wo die zu pflasternde Fläche genau liegen soll, wie sie auszusehen hat und wo sie an bereits bestehende Gebäude- oder Gartenteile anschließen wird. Planen Sie zum Beispiel einen neuen Weg vom Haus zum Gartentor, so haben Sie zwei **Bezugspunkte**, die Sie miteinander verbinden müssen. Mit Hilfe von Sprühfarbe oder Schnüren legen Sie nun als Erstes den genauen Wegeverlauf zwischen diesen beiden Punkten fest und beginnen damit, den anstehenden Boden etwas breiter auszuheben, als der künftige Weg oder die künftige Fläche werden soll. Für die neue Terrasse nehmen Sie die angrenzende Hauswand als Bezugslinie und legen mit Hilfe von Holzpflöcken oder Schnureisen, Richtschnur und Wasserwaage bereits jetzt die Endhöhe für Ihre Terrassenfläche fest. Fällt das Gelände vom Haus weg Richtung Garten ab, so haben Sie dies bei der Berechnung der Aushubtiefe zu berücksichtigen. Auf jeden Fall sollte eine ausreichend dicke Frostschutzschicht gewährleistet sein.

Die **Aushubtiefe** richtet sich in der Regel nach der Belastbarkeit Ihrer Pflasterfläche. Stark belastete Flächen wie etwa Garagenzufahrten, aber auch viel frequentierte Terrassenflächen und Pflasterungen in sehr frostgefährdeten Gebieten erhalten einen relativ starken Unterbau, Nebenwege und Zweitsitzplätze kommen mit sehr viel weniger aus. Die Grafik zeigt, welche

Aushubtiefe für Ihren Bereich die richtige ist.
Erste Baumaßnahme ist also das **Ausheben des anstehenden Bodens**, oft eine sehr anstrengende Arbeit, unterschätzt man doch sehr gerne die ungeheuerliche Menge an Material, die entnommen werden muss. Oft gesellt sich auch noch hartgebackener Bauschutt dazu, der ebenfalls zu entsorgen ist. Der anfallende Unterboden ist meist für nichts anderes im Garten mehr zu gebrauchen und muss deshalb in der nächstgelegenen Bauschuttdeponie entsorgt werden.

## Zweiter Schritt: Unterbau erstellen

Legen Sie nun die **genauen Maße Ihrer Pflasterfläche** fest. Länge, Breite und Endhöhe werden mit Hilfe von Holzpflock oder Schnureisen, Richtschnur und Wasserwaage genau ermittelt; rechte Winkel bestimmen Sie am einfachsten mit der 30-40-50-Regel (siehe Seite 36). Verbinden Sie die Pflöcke mit der Richtschnur in den gemessenen Höhen und messen Sie von hier noch einmal nach, ob der Unterbau gleichmäßig tief zu liegen kommt. Eventuell müssen Sie noch etwas nachbessern, bevor Sie damit beginnen, den Boden mit der Rüttelplatte zu **verdichten**. Bei den meisten Böden ist dies kein großes Problem, moorige Böden jedoch erhalten besser zuerst eine Schicht Schotter, auf die Sie wasserdurchlässiges Vlies verlegen. Dies verhindert, dass sich der Unterbau zu sehr mit dem Moorboden vermischt und unstabil wird. Über dem **Vlies** können Sie dann wie bei jedem normalen Boden weiterarbeiten. Auf den verdichteten Unterboden legen Sie – bei Bedarf – **Stromkabel** und **Wasserleitungen** aus und füllen dann **Schotter** oder **Frostschutzkies** auf. Für stärker belastete Flächen sind das etwa 40 cm, das heißt, Ihre Auskofferungstiefe beträgt in diesem Fall etwa 60 cm. Bereits während dieser Bauphase müssen Sie daran denken, dass Pflasterflächen, die wenig Wasser durch ihre Fugen sickern lassen, ein leichtes **Gefälle** von etwa 2% erhalten müssen. Dieses Gefälle muss vom Haus weg verlaufen und möglichst so angelegt sein, dass das Regenwasser zum Beispiel seitlich in die Rasen- oder Pflanzfläche ablaufen kann. Legen Sie deshalb die Oberfläche Ihrer Frostschutzschicht in diesem Fall bereits mit leichtem Gefälle an.

Dieser Weg aus Rundlingen braucht nur einen gut durchlässigen, befestigten Untergrund, darauf kommt als Tragschicht Splitt oder Sand.

Mit Hilfe der Rüttelplatte wird verdichtet und **Splitt** oder **Sand** aufgebracht. Diese Schicht ist zwischen 5 und 10 cm stark und wird je nach Art des Pflasters ein wenig anders bearbeitet.

Wenig wasserdurchlässige Pflasterungen aus Klinker, manche Betonpflasterverbände und Verbundsteinbeläge benötigen in der Regel ein leichtes Gefälle.
Gut durchlässig sind Pflasterungen mit breiteren Fugen, unregelmäßige Natursteinpflaster, Öko-Pflaster und Rasenpflaster; sie können ohne Gefälle verlegt werden.

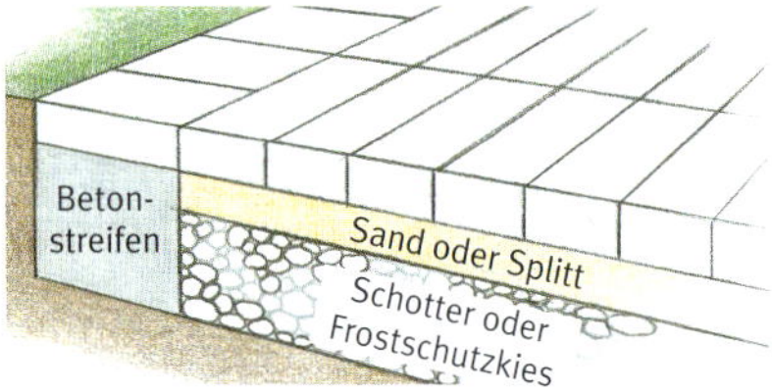


Liegende Randsteine werden auf einem Streifenfundament befestigt.

Über das Pflasterniveau ragende Randsteine benötigen einen stabilen Betonkeil.

Auch liegende Ränder werden mit Hilfe eines Magerbetonkeils befestigt.

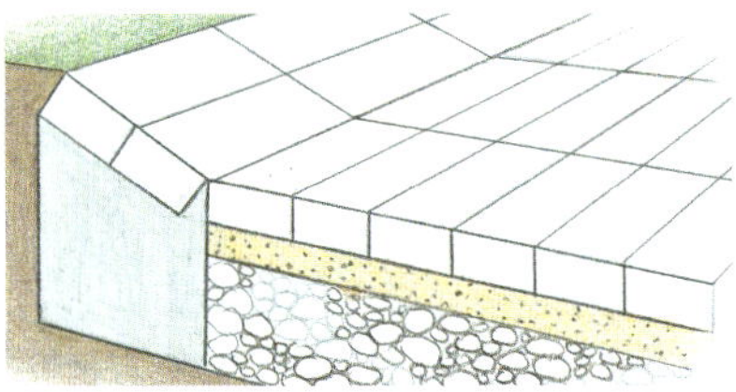

Ebenfalls eine Möglichkeit, den Weg einzufassen. Auf das Gefälle achten!

## Dritter Schritt: Randsteine setzen und Muster abgrenzen

Um ein seitliches Abwandern oder Abkippen der Pflastersteine zu verhindern, ist das **Befestigen der Randsteine** mit Hilfe von Magerbeton (siehe Seite 25) sinnvoll. Oft reicht es aus, die äußere Steinreihe mit einem Magerbeton-Keil zu versehen, festeren Halt bietet jedoch ein **Betonstreifen**, in den die Randsteine gesetzt werden. Dies empfiehlt sich besonders bei Klinkerbelägen und höhergesetzten Randeinfassungen.

Kleinsteinpflaster lässt sich mit Hilfe etwas größerer Pflastersteine gut im Zaum halten. Aber auch Kiesbeläge müssen eine Einfassung erhalten. Möglichkeiten gibt es viele, Fantasie ist gefragt.
Setzen Sie zuerst die Randeinfassungen und pflastern Sie die Fläche nach dem Abhärten des Magerbetons aus. Messen Sie immer wieder nach, besonders dann, wenn ein Weg eingefasst werden soll. Maßabweichungen innerhalb des Wegeverlaufs lassen sich bei unregelmäßiger Pflasterung noch verkraften, bei Pflasterwegen aus sehr gleich-

Hier ist die Wegeeinfassung mit Hilfe von Großpflaster gut zu erkennen. Zuerst wurde die Einfassung mit Magerbeton befestigt, dann die Wegefläche ausgepflastert.

Gut zu sehen: Die Spirale wird mit Hilfe von Magerbeton eingepasst, danach folgt das Auspflastern.

förmigem Material, zum Beispiel Klinker, ist kein Ausgleich mehr möglich. Bedenken Sie auch, dass sich die einbetonierten Randsteine beim Abrütteln nicht mehr setzen, Sie den angrenzenden Pflasterbelag deshalb etwa 1 cm über dem Niveau der Randsteine verlegen müssen.

Wenn Sie mit **unterschiedlichen Materialien** arbeiten und zum Beispiel Kreisflächen oder Streifenmuster einfügen wollen, sollten Sie diese ebenfalls mit einem kleinen Betonkeil sichern, damit sich die Form nicht verschiebt.

## Vierter Schritt: zwei Möglichkeiten des Pflasterns

**Möglichkeit a:** Relativ einfach ist das Pflastern mit gleichmäßig geformten Steinen, wie Klinkern, Beton- und Verbundsteinen.
Hier tragen Sie auf Ihrer Frostschutzschicht oder, bei wenig beanspruchten Flächen, direkt auf dem gut verdichteten Boden eine etwa 5–7 cm starke Schicht aus Splitt oder Sand auf. Um eine absolut ebene Ausgangsfläche zu erhalten, bringen Sie zuerst etwas mehr Splitt auf, als Sie für Ihre endgültige Höhe brauchen, legen zwei gerade Latten oder Metallrohre auf die genaue Höhe der Unterseite Ihrer Pflasterfläche und ziehen das überschüssige Material mit Hilfe einer Richtlatte oder eines geraden Brettes glatt. Hier müssen Sie, falls notwendig, das Gefälle sowie etwa 1 cm Höhendifferenz für das Einrütteln der

**Ebenerdige Randeinfassungen** erleichtern das Rasenmähen, Wege und Terrassen werden stufenlos in das angrenzende Gelände integriert.
**Erhöhte Randeinfassungen** sind gut für das Abgrenzen von Pflanzflächen geeignet und ergeben stark hervortretende, nicht selten dominant wirkende optische Linien.

Hier werden Betonsteine mit Abstandshaltern auf einer abgezogenen, glatten Fläche reihenweise verlegt.

Arbeiten von außen nach innen: Zuerst müssen die Form gebenden Pflastersteine ihren Platz erhalten, danach folgt das Ausfüllen der Restflächen. Besonders wichtig ist hier das genaue Ausmessen und Berücksichtigen der Fugenbreiten, damit dann bei der Umsetzung auch alles passt.

fertigen Pflasterfläche berücksichtigen. Diese glatte Fläche darf nicht mehr betreten werden, das heißt, Sie arbeiten sich von der gepflasterten Seite aus vor. Zum Schluss rütteln Sie die Fläche mit einer Rüttelwalze oder einer Rüttelplatte vorsichtig von außen nach innen ab.
Um die Pflastersteine zu schützen, sollten Sie die Rüttelfläche der Maschine mit einem Gummischutz (als Zubehör erhältlich) versehen.
**Möglichkeit b:** Hier arbeiten Sie mit unregelmäßigem Pflaster, das unterschiedlich tief in den Unterbau eingreift.
Sie bereiten den Unterbau vor und geben darauf eine Splittschicht von mindestens 10 cm Stärke, damit auch dicke Steine noch auf einer Splittschicht ruhen können. Sie verteilen das Material grob auf der zu pflasternden Fläche, stecken die Höhen genau ab und beginnen mit dem Pflastern der einzelnen Partien von der Splittfläche aus. Mit Hilfe von Wasserwaage, einem geraden Holzbrett zum Kontrollieren der Fläche und einem Gummihammer bringen Sie jeden einzelnen Stein in seine endgültige Lage. Hier erübrigt sich ein nachträgliches Einrütteln.

Welches Muster Sie auch planen: Vergessen Sie nie, die Fugenbreite bei Ihrer Berechnung zu berücksichtigen. Je nach Material kann diese zwischen 3 mm und 1 cm liegen. Wo Gras oder Moos wachsen soll, können die Zwischenräume noch größer sein.

## Fünfter Schritt: das Verfugen

Pflasterflächen mit relativ engen Fugen, wie dies bei Klinker- und Verbundpflaster der Fall ist, werden mit feinem Quarzsand verfugt, gröberes Pflaster mit Splitt. Bringen Sie das trockene Material auf Ihrer Fläche aus und kehren Sie es satt ein. Dann wird abgekehrt und mit der gummigeschützten Rüttelplatte oder der Rüttelwalze noch einmal über die Fläche gegangen. Unter Umständen tut auch ein Handstampfer gute Dienste. Durch das Rütteln hat sich das Fugenmaterial nun verdichtet, und Sie müssen ein zweites Mal Sand oder Splitt einkehren. Nun können Sie mit dem Gartenschlauch noch etwas nachschlämmen, das restliche Fugenmaterial abtrocknen lassen und dann abkehren. Behalten Sie eine kleine Reserve Sand oder Splitt, um eventuell entstandene Lücken später wieder auffüllen zu können, ohne umständlich nachkaufen zu müssen.

# Ideen für das Verlegen von Pflaster

## Schlicht und schön: geometrische Formen

Klare Linien, ruhige Eleganz – mit geometrisch geraden Mustern erreichen Sie diesen Eindruck ganz bestimmt. Aber gerade hier ist es wichtig, die Fugen wirklich in einer geraden Linie verlaufen zu lassen, Versprünge und unglückliche Winkel zu vermeiden. Auch auf eine genaue Vorplanung darf nicht verzichtet werden, damit das Muster wirklich aufgeht.

**Querstreifen:** Wollen Sie Ihren Zugangsweg mit Querstreifen optisch verkürzen, dann müssen Sie in Ihrem Detailplan sehr genau ausrechnen, wie viele Streifen Sie einbringen wollen, wie groß die Zwischenräume sein sollen und was Sie an unterschiedlichem Material dafür benötigen. Der Abstand von Streifen zu Streifen ergibt sich auch aus der Wahl des Materials, das zwischengepflastert werden soll. Vergessen Sie nicht, die Fugenbreite zu Ihrem Pflastermaß dazuzurechnen, sonst geht Ihr Plan in der Wirklichkeit nicht auf. Die Streifen setzen Sie entweder mit einer anderen Farbe oder einem andersartigen Material optisch ab. Bei einem gerade verlaufenden Weg ist dies eine relativ leichte Übung, ergibt sich doch eine Reihe nach der anderen. Leicht geschwungene Wegeführungen mit Streifen zu versehen erfordert ein sehr viel genaueres Ausmessen. Am besten übertragen Sie diese schwierigen Maßverhältnisse sehr exakt aus Ihrem Detailplan in den Garten und arbeiten sich von Querstreifen zu Querstreifen vor, um die

Für das Verlegen von Klinker, aber auch für Pflasterarten, die Klinkerform besitzen, bietet sich das Fischgrätmuster an. Für kurvige Wege ist es allerdings nicht geeignet.

Querstreifen lassen einen Weg kürzer erscheinen, ihre Abstände müssen genau berechnet und skizziert werden.

Zwischenräume dann passend auszufüllen.

**Quadrate und Rechtecke:** Auch hier gilt es, zunächst die genaue Lage und Verteilung der einzelnen Pflasterquadrate und -rechtecke auf dem Detailplan auszutüfteln. Passt die Aufteilung, muss im Garten sehr genau vermessen und mit Hilfe von Schnureisen und Schnur das geometrische Muster gearbeitet werden. Dabei werden zuerst die Rasterstreifen gepflastert, die dann mit andersfarbigem oder andersartigem Pflastermaterial ausgefüllt werden. Um ein Verrutschen der Streifen zu verhindern, können sie mit etwas Magerbeton fixiert werden. Auch hier dürfen bei der Berechnung der Musterflächen die Fugenbreiten nicht vergessen werden.

Haben Sie noch alte, rechteckige oder quadratische Gartenplatten zur Verfügung, die mit eingearbeitet werden sollen, so können diese gut auch als wiederkehrende geometrische Muster neue Verwendung finden. Hier sollten Sie zuerst die Platten auf etwas Magerbeton verlegen, um dann das Pflaster anzuschließen.

Wege mit Querstreifen sehen eleganter aus, wenn sie keinen optisch abgesetzten Randstreifen erhalten, sondern die jeweils äußere Pflasterreihe ausreichend mit Magerbeton fixiert wird.

## Rundungen und Kreise bringen Schwung in den Garten

Wirklich schön ist eine Rundung nur dann, wenn man den Schwung sehen kann, wenn keine Abweichungen die Linie ausbeulen oder statt eines Kreises ein ungleichmäßiges Oval entsteht. Hier gilt ganz besonders: nachmessen, die Maße vom Mittelpunkt zum Außenrand immer wieder kontrollieren und lieber eine Reihe noch einmal entfernen und neu anlegen. Nur so haben Sie auf Dauer Freude an Ihrer Arbeit.

**Kreise:** Mit Hilfe kreisförmiger Pflasterungen lässt sich so mancher eintönige Garagenvorplatz, der kleine Sitzplatz im Garten oder einfach auch nur ein erweiterter Sockel für die Statue vor der dunklen Hecke aufwerten. Kreise aus Kleinstein, Klinker oder anderen regelmäßig geformten Pflastersteinen beginnen Sie am besten in der Mitte. Schlagen Sie ein Schnureisen oder einen Pflock in die Kreismitte und beginnen Sie den ersten Ring zu pflastern. Auf diese Weise arbeiten Sie sich bis an den Durchmesser vor, den Sie sich vorgestellt haben. Wenn Sie mit Hilfe einer Schnur oder eines Meterstabs jeden fertiggestellten Kreis von der Mitte her nachmessen, wird Ihr Platz auch immer rund und gleichmäßig werden. Die äußerste Reihe wird mit Hilfe von Magerbeton fixiert. Zum Schluss entfernen Sie den Pflock in der Mitte des Kreises und setzen einen hübschen »Schlussstein«. Unregelmäßige Pflaster aus

zum Beispiel Flusskieseln müssen zuerst die äußere Randbegrenzung erhalten, dann kann zur Mitte hin ausgepflastert werden.
Der Fachhandel bietet **fertige Pflasterkreise** an, die sehr schnell und auch wirklich kreisrund gebaut werden können. Meist beginnt die kleinste Liefereinheit bei 180 cm, begrenzt auf etwa 300 cm Durchmesser. Anschlussflächen müssen dann entweder mit anderem Material oder gerade verlaufend bepflastert werden.
**Halbkreise:** Sehr häufig zu sehen sind halbkreisförmig verlegte Kleinsteinpflaster mit und ohne farblich abgesetzte Segmente. Diese Segmente sind allerdings für den ungeübten Laien relativ schwierig zu pflastern. Sinnvoll ist hier die Erstellung einer Schablone aus kräftigem Karton in der Größe 1:1. Auf diese Weise haben Sie die Möglichkeit, immer wieder nachzukontrollieren, ob Sie noch in der Form sind oder ob die einzelnen Segmente beginnen, ihre kreisförmige Rundung zu verlieren. Für diese Art der Pflasterung eignen sich runde oder ovale Flusskiesel, aber auch dunkle Schieferstücke länglicher Prägung. Auch Fertigsegmente aus Betonstein sind in vielen Varianten erhältlich; sie sehen aus wie Pflasterflächen, werden aber wie Platten verlegt.
Wichtig bei der Gestaltung mit Halbkreisen ist, dass ihre Rundung bei stärkerem Gefälle nach oben und immer in die Hauptblickrichtung zeigt. Quer eingebaute Halbkreise wirken nicht gut auf den Betrachter.
**Wellenlinien:** Bei der Gestaltung mit Wellenlinien sind Ihrer Fantasie keine Grenzen gesetzt. Verschiedenstes Pflastermaterial lässt sich spielerisch oder auch streng formal kombinieren. Machen Sie aber einen genauen Plan und legen Sie Ihre Linien mit Hilfe von Schnüren und dem Gartenschlauch aus oder markieren Sie alles mit Farbe aus der Sprühdose. Sie sehen dann sehr schnell, ob sich Ihre Ideen im Garten gut machen. Auch hier beginnen Sie mit den optisch hervortretenden Linien und füllen dann die auf diese Weise entstandenen Flächen auf.

Nur mit Hilfe einer Schablone sollten Sie sich an dieses schwierige Verlegemuster wagen.

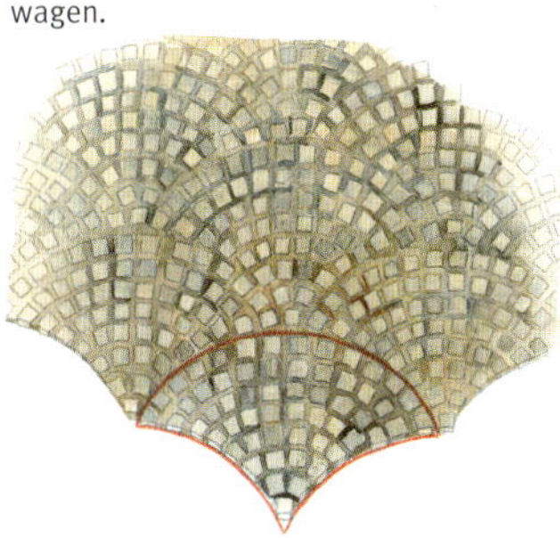

Mit Kreisen und Halbkreisen lässt sich sehr schön gestalten, und so mancher Kanaldeckel wird erst auf den zweiten Blick sichtbar.

Ein harmonisches Bild erhält eine befestigte Fläche, wenn Sie – egal, ob Natur- oder Betonstein, Pflaster- oder Plattenbelag – störende Kanaldeckel mit dem passenden Material auslegen. Hierfür können Sie im Fachhandel Kanaldeckel verschiedenster Größen bestellen, die je nach Bedarf eckig oder rund sowie für starke oder geringe Belastung (Tonnage) zu haben sind.

## Natursteinpflaster sind schnell verlegt

Pflaster aus Natursteinen ist die teuerste Variante, aber auch unverwüstlich und nach Jahrzehnten noch schön. Am gebräuchlichsten sind Pflastersteine aus Granit, wobei es hier viele, vor allem graue Farbvarianten gibt. Doch auch Porphyr mit seinen Rottönen, verschiedene Marmorsorten und sogar Keramiksteine sind auf dem Markt. Meistens als »Würfel« verwendet, reicht das Spektrum vom Mosaikstein, der ab etwa 4 x 4 cm zu haben ist, über den gebräuchlichsten Kleinstein mit etwa 8 x 10 cm bis hin zum Großpflaster mit etwa 15 x 17 cm Kantenlänge. Aber auch lange Stücke, wie sie als Randsteinbefestigung im Straßenbau Verwendung finden, können in die Pflasterung eingebunden werden. Sehr ansprechend sehen so genannte Wildpflaster aus, bei denen längliche Natursteine in hübschen Mustern aneinander gereiht werden, sowie Pflaster aus Steckkieseln und kleinen Rundlingen, die sich besonders gut zum Auspflastern kleiner Zwischenflächen eignen.

Dank ihrer etwas unregelmäßigen Form – kein Stein gleicht dem anderen – sind Pflastersteine universell einsetzbar, nur ihre **Bearbeitung** bedarf etwas Übung. Mit Hilfe von Meißel und Fäustelhammer können Sie jedoch Ecken und Kanten abschlagen sowie Steine teilen. Schutzbrille aufsetzen!

Fertige Kreise sind im Betonfachhandel in nahezu jeder Ausführung zusammen mit einer Bauanleitung erhältlich.

## Klinker oder Betonsteine – eine Frage des Geschmacks

Seit Jahrhunderten bewährt haben sich besonders in Gegenden mit nicht zu strengen Frostperioden Pflasterungen mit Klinker (siehe auch Seite 31), wobei verschiedenste Verlegemuster überliefert und gebräuchlich sind. Auch Kombinationen mit anderem Material sind möglich.

Die Klinkermuster lassen sich gut auf sehr strapazierfähige Betonformate übertragen. Betonsteine, zu denen auch die so genannten Verbundsteine zählen, führen dank der Ideenfülle und technischen Machbarkeit seitens der Hersteller heutzutage längst kein Schattendasein mehr. Mit Naturstein oder Holz kombiniert, wird auch dieser Industriestein zu einem lebendigen Bestandteil des Gartens.

Klinker und Betonstein gemein ist der Unterbau, wie bei den Pflasterungen beschrieben, nur dass anstatt Splitt auch Sand für die direkte Tragschicht Verwendung finden darf. Darauf lassen sich dann alle Muster gut verlegen.

Die Bearbeitbarkeit von Klinker ist relativ einfach. Entweder Sie behandeln ihn wie Naturstein (siehe Seite 53), oder Sie »zersägen« ihn wie einen Betonstein (siehe Seite 31). Für Betonsteine gibt es in jedem Programm zahlreiche Zusatzstücke, die bei guter Vorplanung die Bearbeitung der Pflastersteine auf ein Minimum beschränken. Und es besteht ja immer noch die Möglichkeit, mit Hilfe von Bachkieseln oder kleinen Natursteinwürfeln Lücken im Belag zu füllen und somit einer Bearbeitung der Pflastersteine aus dem Weg zu gehen.

Weit verbreitet ist das so genannte **Verbundsteinpflaster**. Mit ihm lassen sich schnell und problemlos auch größte Flächen pflastern, da die einzelnen Steine passend ineinander greifen. Sie sind in verschiedenen Musterarten erhältlich, immer aus Beton und für besonders stark frequentierte Fahrbahnen mit einer so genannten Verschleißschicht versehen. Da die Fugen sehr eng sind, ist eine ausreichende Entwässerung zur Seite oder in spezielle Entwässerungseinrichtungen nötig. Verbundsteine sind zwar praktisch und pflegeleicht, wirken jedoch im Hausgarten meist steril und wenig einladend.

## Ökosteine und Rasengittersteine

Rasengittersteine lassen sich schnell und problemlos verlegen. Weniger stark befahrene Flächen, wie zum Beispiel der Parkplatz für das Zweitauto, benötigen keinen starken Unterbau. Sie brauchen nur den Boden in der Stärke der Gittersteine abheben, sauber und eben planieren, mit etwas frischem Erdreich versehen und die Plattenelemente satt auflegen. Die Löcher verfüllen Sie mit Erde, der Sie Grassamen beigemischt haben, gießen vorsichtig an – und haben innerhalb weniger Wochen einen sehr strapazierfähigen Rasen.

### Steine mit Abstandshaltern

Dasselbe Ergebnis erzielen Sie mit speziellen Öko-Steinen, bei denen Abstandshalter für relativ große Fugen sorgen, durch die zum einen Wasser schnell ablaufen, aber auch Gras und anderes wachsen kann. Für diese Einzelsteine empfiehlt sich ein leichter Unterbau aus Splitt. Verfüllt wird dann mit Erde, der Gebrauchsrasensamen beigemischt wurde.

Ähnlich wie bei den Ökosteinen können Sie beim Einbau von Großpflaster verfahren, das sich hervorragend dazu eignet, in größer gehaltenen Fugen Gras, Moos und anderes wachsen zu lassen. Da die Steine relativ dick sind, ist hier auch genügend Platz für die Wurzeln der Rasengräser, bis sie an die Splittschicht stoßen.

Rasengittersteine und Ökopflaster lassen sich leicht mit der Flex oder dem Seitenschneider in jede beliebige Form zuschneiden.

Rasengittersteine müssen nicht trist und grau sein, es gibt auch schöne rote Formen – oft mit Abstandshaltern.

Kombinieren Sie Platten verschiedenster Formen und Größen mit Klinker, Naturstein, Steckkieseln oder anderen Materialien Ihrer Wahl (evtl. auch alten Gartenplatten). Zuerst die stärksten Platten fixieren und dann die kleineren Stücke auffüllen.

## Platten und Fliesen richtig verlegen

Ob teuerster Marmor oder billige Betonplatte – unsauber verlegt sehen beide unschön aus. Generell gilt: Je größer die einzelne Platte ist, umso sicherer muss sie aufliegen und umso wichtiger ist beim Bau der Fläche ein Unterbau, der frostsicher und absolut fest und eben ist. Für bruchempfindliche Natursteinplatten und Fliesen aller Art empfiehlt sich sogar der Bau eines Betonfundaments, das garantiert, dass die (natürlich frostfesten!) Platten und Fliesen auch im Lauf vieler Jahre nicht brechen.

### Werkzeug- und Materialliste für das Plattenlegen

**Aufmaß:** Rollbandmaß, Winkeleisen, Holzpflöcke oder Schnureisen, Richtschnur
**Aushub:** Schaufel, Spaten, Hacke, je nach Größe der Fläche Minibagger, Schubkarre, Folie für Schüttgut, Pkw-Anhänger für Transport
**Unterbau:** Schotter oder Frostschutzkies, je nach Bauart Beton, Splitt oder Sand, eventuell Vlies bei moorigem Boden, Rüttelplatte, Handstampfer für kleine Flächen
**Verlegen:** Plattenmaterial, Wasserwaage, Richtlatte, Gummihammer oder Fäustel, Brett, Handschaufel oder Kelle, eventuell Plattenheber oder Helfer bei großen Platten, eventuell Fliesenschneider
**Verfugen:** Spezial-Fugenmörtel und Kelle oder Quarzsand, Besen, Gartenschlauch
**Sonstiges:** Leitungen für Stromkabel und Wasserzufuhr, Sprühfarbe, Werkzeug für die Bearbeitung der Platten, feste Arbeitshandschuhe.

Platten im Garten zu verlegen ist in der Regel ein schwergewichtiges und nicht ganz einfaches Unterfangen. Lassen sich Betonplatten noch relativ einfach einbringen, ist das Verlegen von Natursteinplatten um einiges anspruchsvoller. Nicht nur, dass das Material meist sehr viel teurer ist, auch die Bearbeitung und das fachgerechte Aneinandersetzen erfordern ein gewisses Maß an Einfühlungvermögen und Materialkenntnis.

Werden Platten verlegt, muss besonderer Wert auf einen frostfreien Unterbau gelegt werden, damit sie sich nach starken Frösten nicht heben und senken.

Plattenbeläge benötigen ein **Gefälle**, damit überschüssiges Oberflächenwasser zuverlässig ablaufen kann. Wird auf Sand oder Splitt mit durchlässigen Fugen verlegt, reichen 2% Gefälle aus, unterbetonierte, versiegelte Flächen benötigen ein Gefälle von gut 3%. Versuchen Sie, das Gefälle so zu legen, dass es vom Gebäude weg verläuft und in eine Pflanz- oder Rasenfläche entwässert. Damit sparen Sie sich aufwändige Entwässerungssysteme, die zudem bei Plattenverbänden nicht besonders schön wirken. Sollten Sie keine Möglichkeit finden, in den Garten zu entwässern, könnte eine offene Entwässerungsrinne die Lösung sein. Fragen Sie im Baustoffhandel oder lassen Sie sich von Ihrem Natursteinlieferanten beraten.

## Einfach zu verlegen: Platten aus Beton

Die gebräuchlichen Betonplatten sind in der Regel relativ dick und frostunempfindlich, so dass selbst für stark beanspruchte Flächen ein Auskoffern auf eine Tiefe von 50 cm ausreicht. Darauf geben Sie etwa 30–35 cm Schotter oder Frostschutzkies, verdichten diesen mit der Rüttelplatte und tragen dann etwa 7–12 cm Sand oder Splitt auf, den Sie ebenfalls mit der Rüttelplatte, besser noch mit einer Rüttelwalze auf das Höhenmaß plus Plattendicke verdichten. Einen wesentlich geringeren Unterbau benötigen Plattenflächen, die keinen großen Beanspruchungen ausgesetzt sind. Hier reicht es oft schon, den anstehenden Gartenboden etwa 15–20 cm tief auszuheben, etwas zu verdichten, was mit einem Handstampfer geschehen kann, und darauf dann Splitt oder Sand zu verteilen. Aber auch hier müssen Sie ein Gefälle von etwa 2% einrechnen.
Auf die glatte Splitt- oder Sandfläche verlegen Sie nun Ihre Platten, messen mit der Richtlatte nach und richten die Platte bei Bedarf mit Hilfe einer Maurerkelle oder kleinen Schaufel aus, um sie zum Abschluss mit einem Gummihammer festzuklopfen. Wenn Sie auf Sand verlegen, empfiehlt es sich, diesen vor dem Belegen etwas anzufeuchten; so setzt er sich nach dem Bearbeiten nicht mehr.
Je nach Plattenart lassen Sie Fugen von 4–7 mm und schließen die nächste Platte an. Nun kehren Sie feinen Quarzsand in die Fugen ein, wo er sich verkeilt und für Festigkeit sorgt. Belassen Sie überschüssigen Sand für ein paar Tage auf der Pflasterfläche und kehren Sie ihn dann abschließend in die Fugen, bei denen sich der Sand noch etwas gesetzt hat.
Damit die Platten an den Rändern nicht abkippen, sollte der Unterbau ein wenig über die Plattenfläche hinaus angelegt werden. Darauf kommt dann Erde für Rasen oder Pflanzfläche.

Betonplatten sind äußerst robust und werden im Aussehen den Natursteinplatten immer ähnlicher.

Achten Sie immer darauf, dass die Platten satt aufliegen, also nirgends »Luft« zwischen Platte und Auflagefläche verbleibt.

Hier werden unregelmäßige Natursteinplatten auf einer Schicht Magerbeton verlegt. Viel Geschick und ein gutes Auge sind gefordert.

Sind die Platten ohne Stolperfallen verlegt, können die Fugen mit Hilfe von Mosaikpflaster geschlossen werden.

Legen Sie Platten nie ohne Fuge dicht an dicht, damit sie bei starken Temperaturschwankungen Raum zum Ausweichen haben.

Die Bearbeitbarkeit von Betonplatten ist relativ einfach. Zum einen lässt sich bereits bei der Planung sehr gut vorausberechnen, welche Plattengrößen zu bestellen sind, damit möglichst wenig Verschnitt anfällt, zum anderen sind keine »gewachsenen« Schichten und Maserungen vorhanden, die beim Bearbeiten stören könnten. Mit der Steinsäge oder Flex lassen sich alle Maße, Winkel und Ecken nach Bedarf zuschneiden.

## Das Verlegen von Natursteinplatten

Je nachdem, wo sie eingesetzt werden sollen, können Natursteinplatten gesägt, bruchrau und unregelmäßig in der Form, sehr uneben oder poliert und glatt sein. Um ein harmonisches Bild zu erhalten, sollten die einzelnen Platten zwischen 0,25 und 0,33 m² groß sein. Unzählige Varianten sind möglich, eine kleine Materialkunde gibt auf Seite 28 Auskunft über die verschiedenen Steinarten, die für den Gartenbereich geeignet sind.

**Wasserdurchlässiger Unterbau**
Viele Natursteinarten sind relativ frostfest, manche bröseln bei stärkerem Frost etwas ab, andere sind ausgesprochen empfindlich. Größere und stark belastete Flächen aus Natursteinplatten sollten deshalb einen besonders tiefen Frostkoffer (60–80 cm tief) und einen sehr sorgfältig geschichteten Unterbau erhalten. Große, schwere Platten lassen sich dann relativ problemlos auf einem etwa 7–12 cm starken Sandbett verlegen, wobei man die größeren Platten an den Rändern einsetzt, damit die Plattenfläche nicht in die Umgebung »wandert«. Auch bei diesen auf wasserdurchlässigem Grund verlegten Plattenflächen müssen Sie ein leichtes Gefälle einplanen.

**Wasserundurchlässiger Unterbau**
Noch sicherer ist allerdings das Verlegen auf Beton. Hierfür wird ein etwa 40 cm dicker Unterbau aus lagenweise verdichtetem Schotter oder Frostschutzkies mit Gefälle hergestellt und darauf ein Gemisch aus Sand und Zement (Mischungsverhältnis etwa 3:1) mit wenig Wasser aufgebracht. Tragen Sie diese etwa 5–7 cm starke Schicht in mehreren Arbeitsgängen auf, damit Sie mit dem Verlegen der Platten nicht hetzen müssen. Passen Sie die zu verlegende Platte jeweils auf dem noch weichen Beton ein, richten Sie nach und »kleben« Sie die Platte dann mit

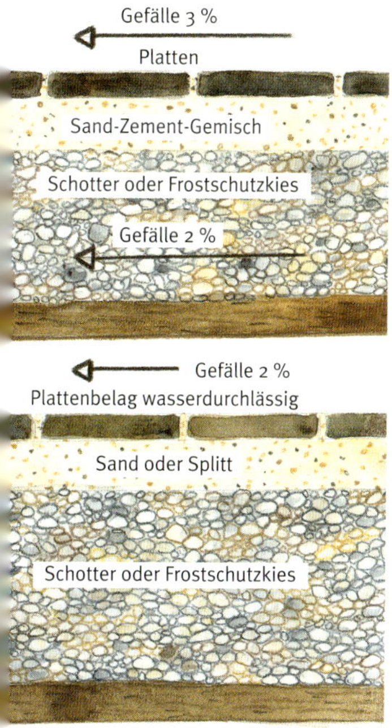


Beim Verlegen von Platten ist immer – auch schon im Unterbau – ein leichtes Gefälle von etwa 2 % mit einzuplanen, um überschüssiges Wasser abzuleiten.

einem speziellen Kleber für Natursteinplatten fest. Letzte Korrekturen können Sie mit Hilfe eines Gummihammers durchführen. Auf diese Weise arbeiten Sie sich Platte für Platte vor, bis der Weg oder die Terrasse fertig belegt ist. Verwenden Sie zum Verfugen ein spezielles, im Fachhandel erhältliches Fugenmaterial. Säubern Sie im Anschluss die Platten mit einem nassen Schwamm.

**Auf schöne Fugen achten**

Achten Sie darauf, dass beim Verlegen unregelmäßiger Gartenplatten keine zu großen Fugen entstehen, die Sie dann auf unschöne Weise mit viel Fugenmaterial schließen müssen. Die Kunst besteht darin, die Platten so auszusuchen, dass sie ohne große Lücken aneinander passen, bzw. wenn es sich nicht vermeiden lässt, eine Platte so geschickt zu verändern, dass sie sich in den Belag eingliedert. Arbeiten Sie bei größeren Flächen deshalb von innen nach außen, dann haben Sie zum Schluss nicht das Problem, die Mitte der Fläche füllen zu müssen. In den Randbereichen ist dies in der Regel weniger problematisch.

Größere Lücken lassen sich mit Kiesel, Kleinstein oder mit Erde füllen, in der man Moos oder andere klein bleibende Bodendecker ansiedelt.

**Das Teilen von Platten**

Betonplatten und auch geometrisch geformte Natursteinplatten lassen sich relativ problemlos mit dem Winkelschleifer durchtrennen. Sie können aber auch per Hand Platten brechen. Dafür benötigen Sie drei Holzlatten, Meißel und Hammer. Zeichnen Sie auf der zu teilenden Platte mit Hilfe des Meißels oder einer Kreide die Linie auf, wo Ihre Platte auseinandergetrennt werden soll. Entlang dieser Linie meißeln Sie nun eine gerade Kerbe frei, platzieren die Platte so auf zwei der drei Holzlatten, dass die Linie frei schwebt, legen die dritte Latte auf diese Linie und schlagen mit dem Hammer kräftig auf dieses Brett: Die Platte bricht an dieser Sollbruchstelle auseinander.

Bei unregelmäßig geformten, bruchrauen Natursteinplatten müssen Sie versuchen, an der geeigneten Stelle, die sich manchmal durch die Maserung des Steins abzeichnet, durch gezieltes Arbeiten mit Hammer und Meißel die passenden Stücke abzubrechen. Bei dem ungeübten Laien ist das Ergebnis meist Glückssache.

Platten lassen sich auch mit Hilfe eines Metallrohrs, unter der Sollbruchstelle angebracht, zuverlässig spalten.

## Fliesen und Terrakotta – ein Hauch von Süden

Fliesen und Terrakottaware benötigen immer einen frostfesten Betonunterbau (siehe Seite 25). Wie bereits beschrieben, lässt man diese Betonarbeiten am besten von einer Fachfirma ausführen. Die Fliesen verlegen können Sie dann gut selbst.
Wählen Sie Fliesen für den Außenbereich, die auch bei tiefen Minusgraden noch frostfest sind und nicht springen oder abplatzen. Auch dürfen die Fliesen bei Nässe nicht zu glitschig werden und müssen in ihrer Oberfläche so beschaffen sein, dass kleine Steinchen, herabfallende Zweige und anderes Material keine unschönen Kratzer und Abplatzungen hinterlassen. Verlegen Sie die Fliesen immer auf einer frostfrei gegründeten Betonfläche. Mit Hilfe spezieller, im Fachhandel erhältlicher Fliesenkleber für den Außenbereich, praktischer Abstandshalter für gleich bleibende Fugenbreite und passenden Fugenmaterials können Sie relativ schnell eine attraktive Terrassenfläche, einen kleinen Eingangsbereich oder den Innenhof zu interessanten Blickfängen gestalten.

Fliesen und Terrakotta bieten sich vor allem in direkter Hausnähe an. Sie passen besonders gut zu mediterranem Ambiente.

## Verlegemuster ...

**... für Betonplatten, gesägte Natursteinplatten und Fliesen**

Bedingt durch ihre rechteckige Form bieten sich diese Platten bevorzugt für rechteckige Flächen an, die jedoch nicht langweilig sein müssen. Versetzt angeordnete Wegeführungen, quadratische Plätze und nicht zuletzt spannend verlegte Plattenverbände lassen sich vielfältig im Garten einsetzen. Planen Sie den Fugenverlauf nach Möglichkeit parallel zu einer langen Hauswand, denn spitze oder stumpfe Winkel wirken in der Regel nicht sehr schön. Wenn Sie dann die Platten versetzt verlegen, ergibt sich trotz der ruhigen Form des Materials ein lebendiges Bild. Natürlich können hier Kreuzfugen bewusst eingesetzt werden, etwa bei quadratischen Mustern, die sich um 45° drehen lassen und damit ein sehr viel weniger tech-

Großzügig wirkt das diagonale Verlegen von quadratischen Platten. Dazu gibt es passende Randstücke zu kaufen.

Fliesen, aber auch Betonplatten lassen sich auf diese ansprechende Weise besonders im Terrassenbereich verwenden.

Mediterranes Flair erhalten Sie mit dieser Verlegeart. Sogar Sandstein können Sie sich so zuschneiden lassen.

Gerne verwendet wird dieses Muster bei Betonplatten. Hier gibt es verschiedenste Farben und Oberflächen.

Hier wiederholen sich vier Formen in einem etwas komplizierten Muster, das in Beton wie in Naturstein schön ist.

Natursteinplatten und bunte Fliesen dazwischen – eine faszinierende Kombination, die nicht jeder im Garten hat.

nisches Gepräge bekommen. Auch vier-, sechs- und achteckige Formen können mit den passenden Ergänzungsstücken ein hübsches Bild ergeben.

### ... für unregelmäßige Natursteinplatten

Flächen, die mit unregelmäßig geformten Pflasterbelägen gestaltet sind, haben meist einen etwas rustikaleren Charakter. Sie können diesen unterstreichen, indem Sie sehr große, bruchraue Platten verwenden, unregelmäßig breite Fugen belassen und diese mit Kleinstein oder Kiesel ausfüllen. Etwas ruhiger sehen Plattenbeläge aus, deren Fugen sehr eng gehalten sind, was freilich ein gehöriges Maß an Sortierarbeit und Können bei der Bearbeitung des Steins voraussetzt. Nie schön sind sehr breite Fugen, die mit Mörtel oder anderem Fugenmaterial ausgefüllt wurden. Zudem platzen viele Fugenmörtel mit der Zeit auf und zerbröseln. Auch sollten Sie bei der Verwendung rechteckiger Platten so genannte Kreuzfugen vermeiden, also Fugen von vier Platten direkt aufeinander treffen zu lassen. Vermeiden Sie außerdem lang durchlaufende sowie spitz zulaufende Fugen, da bei einer

Vermeiden Sie bei unregelmäßigen Belägen und auch Natursteinmauern die unschönen Kreuzfugen!

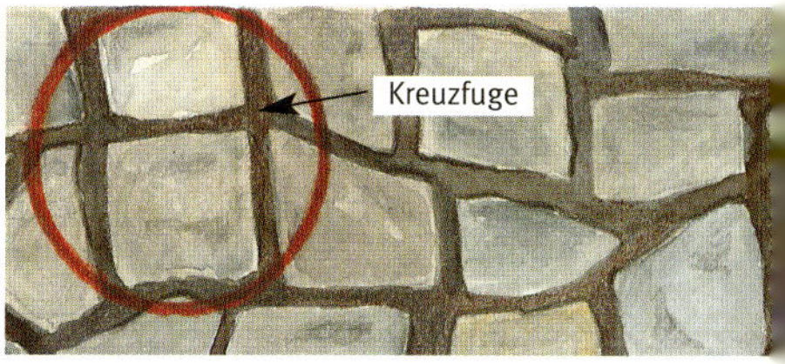

Sehr natürlich wirken Flächen, die in den Fugen Moose oder andere niedrige Bodendecker beherbergen. Dafür kommen allerdings nur Flächen in Frage, die keiner zu starken Sonneneinstrahlung ausgesetzt sind und nur wenig begangen oder befahren werden.

Häufung dieser Gestaltungsform ein sehr unruhiges Bild entsteht. Am besten legen Sie Platten zur Probe aus, bevor Sie sie endgültig einbauen. So haben Sie die Möglichkeit, ein optimales Ergebnis zu erzielen.

Sehr schön verlegt ist dieser unregelmäßige Belag aus Granit mit seinen schmalen, gleichmäßigen Fugen.

## Geht schnell: Trittsteine im Garten

Sauberen und relativ trockenen Fußes zum Zweitsitzplatz oder Kompost, zum Gartenteich oder Gemüsebeet – dies erreichen Sie am einfachsten mit so genannten Trittsteinen oder Schrittplatten. Oft ergibt sich der Verlauf des »Weges« bereits von selbst, abgetretene Rasenstreifen deuten an, wo eine gut zu begehende Trittsteinreihe ihren Platz finden soll.
Beim Material gibt es verschiedene Varianten: Von unregelmäßigem Naturstein über mehreckige Betonplatten bis hin zu Holzscheiben ist alles denkbar, es sollte sich nur den übrigen Materialien im Garten anpassen und nicht als Fremdkörper wirken. Bedenken Sie auch, dass beim Verlegen in Rasenflächen das Gras im Lauf der Zeit die Randpartien der Trittsteine erobert und die Platten deshalb recht groß sein müssen, sollten sie nicht innerhalb weniger Jahre völlig im Rasen verschwinden.

### Werkzeug- und Materialbedarf

**Aufmaß:** Meterstab, Gartenschlauch oder Schnur, eventuell Sprühfarbe
**Aushub:** Spaten und Verlegematerial (zum Beispiel Platten)
**Unterbau:** Splitt oder Sand
**Verlegen:** Verlegematerial, Arbeitshandschuhe, Gummihammer, Brett

Legen Sie den Verlauf des Pfades mit Hilfe von Gartenschlauch oder Sprühfarbe fest. Entlang dieser Linie verlegen Sie nun Ihre Platten, je nach Geschmack unregelmäßig oder in Reih und Glied. Zu beachten ist, dass Sie sich immer nach der umgebenden Bodenform richten müssen, die Wasserwaage ist hier fehl am Platz. Passen Sie die Trittsteine an das Gefälle, die Senke, die leichte Schräge an. Ab einem gewissen Gefälle sind Trittsteine allerdings nicht mehr gefahrlos zu begehen. Hier sollten Sie besser Stufen einbauen.
Das Einbringen der einzelnen Trittsteine ist sehr einfach. Sie legen die Platten in Ihrem Garten aus, testen, ob das Schrittmaß stimmt oder noch etwas verändert werden soll, und heben dann Platte für Platte die Grassoden oder anstehende Erde bzw. Bewuchs ab. Stechen Sie mit dem Spaten den Umriss jeder Platte nach, heben Sie diese auf die Seite, geben Sie etwas Splitt oder Sand auf die Erdfläche und legen die Platte

Trittsteine sind schnell verlegt: Form anzeichnen, Rasen abheben und beim Verlegen Stolperfallen vermeiden.

Sehr hilfreich ist ein – ausleihbarer – Plattenheber, mit dem auch schwere Platten gehoben werden können.

Trittsteine sollten einen regelmäßigen Abstand zueinander haben, der von Plattenmitte zu Plattenmitte etwa 65 cm beträgt. Da die Schrittlänge je nach Person und Geschwindigkeit des Begehens verschieden ist, empfiehlt es sich, möglichst große Platten zu wählen.

satt auf dieses Bett. Dabei sollte darauf geachtet werden, dass sich die Platten harmonisch aneinander fügen, also nicht die eine Platte nach links, die andere nach rechts geneigt ist oder durch schlechtes Aneinanderreihen Stolpersteine entstehen. Hilfreich ist hier ein gerades Brett, das Sie auf die bereits ausgelegten Schrittsteine legen und mit dem Sie überprüfen können, ob die aneinander gereihten Platten größere Höhendifferenzen aufweisen. Auch dürfen die Platten nicht über das umgebende Erdniveau hinausragen, sondern müssen bündig mit dem Boden abschließen. Bei Bedarf einfach ein wenig mit dem Gummihammer nachklopfen – fertig ist Ihr Weg durch den Garten!

## Romantisch: gekieste Wege und Plätze

Dass Kieswege nicht nur schön, sondern auch sehr dauerhaft sein können, beweisen die vielen ungepflasterten und stark begangenen Wege und Plätze in historischen Parks und Gärten. Und auch für unseren Garten lässt sich dieses Gestaltungselement verwirklichen. Bei entsprechend gutem Unterbau kann im direkten Garagen- und Einfahrtsbereich, auf dem Zufahrts- und Zugangsweg und sogar auf der Terrasse gekiest werden. Allerdings ist zu beachten, dass man die Steinchen von Wegen und Plätzen mit in Garage und Haus trägt, dass sich im Laufe der Jahre Kuhlen bilden können und sich Moos und anderer Bewuchs breitmachen.
Bei regelmäßiger Pflege wie Abrechen und hin und wieder Materialnachfüllen werden Sie jedoch viel Freude an dieser sehr natürlichen und auch kostengünstigen Form der Befestigung haben.
Am schönsten sind immer noch die klassischen grauen Kieswege aus Granitsplitt, doch können je nach Gegend auch andere Gesteinsarten und Farben Verwendung finden, je nachdem, aus welchem Steinbruch Sie das Material beziehen. Das Angebot des Baustoffhandels reicht von feinem Weiss über helles Gelb und feines Rot bis hin zu dunkelstem Grau. Fragen Sie nach Zierkies und Edelsplitt.

Nebenwege lassen sich sehr schön und schnell mit Hilfe von feinem Kies begehbar machen. Ein Ausufern des Materials in die Pflanzung verhindern liebevoll drapierte Steine und Platten.

## Werkzeug- und Materialliste für gekieste Flächen

**Aufmaß:** Rollbandmaß, Holzpflöcke oder Schnureisen, Richtschnur
**Aushub:** Schaufel, Spaten, Hacke, Schubkarre, Folie für Schüttgut, Pkw-Anhänger für Transport
**Unterbau:** Schotter oder sauberer Kies, Splitt, feinkrümeliger Lehm, Rüttelplatte oder Handstampfer
**Einfassung:** Magerbeton, Material für die Einfassung, Kelle, Mörtelwanne zum Anmischen, Gießkanne oder Gartenschlauch
**Kiesfläche:** Splitt oder Kies, Material für Einfassung oder »Schmutzsperre«, Schaufel, Rechen, Rüttelplatte oder Handstampfer
**Sonstiges:** Leitungen für Stromkabel und Wasserzufuhr, Arbeitshandschuhe

Auch wenn Sie nur einen einfachen Kiesweg oder den Zweitsitzplatz anlegen wollen, ist korrektes Vermessen wichtig. Denn jede Kiesfläche benötigt einen gut wasserdurchlässigen Unterbau, damit Pfützenbildung und Frostverwerfungen vermieden werden.
Für gute Durchlässigkeit sorgt eine etwa 40 cm starke Schicht aus Schotter oder sauberem Kies, die Sie mit der Rüttelwalze verdichten. Darauf verteilen Sie eine sehr dünne Schicht krümeligen Lehm – gerade so viel, dass das Regenwasser durchsickern kann –, auf dem die Steinchen der obersten Schicht gut Halt finden. Je nach Korngröße und Beschaffenheit wird die Kiesschicht dünner oder stärker ausfallen: Splitt mit seinen relativ kleinen, eckigen Steinchen wird nur etwa 3 cm hoch, gröberes, rundes Material aus der Kiesgrube entsprechend dicker aufgetragen. Es lässt sich dann jedoch weniger bequem begehen und ist für Sitzplätze mit Tisch und Stühlen nur bedingt

geeignet. Auf jeden Fall sollte auch die oberste Schicht mit der Rüttelplatte oder dem Handstampfer gleichmäßig verdichtet und geebnet werden. Von Vorteil für einen guten Wasserabfluss ist zudem ein Gefälle von der Mitte des Weges zu den beiden Rändern hin. Dies ist nicht nur praktisch, sondern sieht auch hübsch aus.
Um ein Ausufern des feinen Materials zu verhindern, empfiehlt sich eine seitliche Randbefestigung. Hierfür geeignet sind regelmäßige und unregelmäßige Platten, eine Rollschicht aus Klinker, Holzpflaster oder große Pflastersteine. Auf Seite 42 wird beschrieben, wie Sie verschiedenste Randeinfassungen mit Hilfe von Magerbeton einbauen können. Einfassungen aus Terrakotta oder niedrigen Palisaden vermitteln den Eindruck, als würde der Kiesweg wie ein ruhiger Bach durch den Garten fließen. Lassen Sie einen hübschen Findling in die Kiesfläche ragen und schaffen Sie auf diese Weise Spannung und Bewegung.

## Holz – natürlich schön

Es muss nicht immer Stein sein – auch Holz kann im Garten vielfältig als Belag eingesetzt werden. Gut imprägniert und bei Bedarf weiterhin gut gepflegt, kann Holz zum Teil über Jahrzehnte in Ihrem Garten überdauern. Die Rutschgefahr können Sie bannen, indem Sie zum einen Holz möglichst nur dort einsetzen, wo es schnell wieder abtrocknen kann, und zum anderen geriffelte Bretter verwenden. Holz ist nicht nur ein optisch »warmes« Material. Auch bei der Benutzung werden Sie merken, dass Holzbeläge, egal, welcher Prägung, sehr fußwarm, aber nie extrem heiß werden. Die Hölzer, die im Lauf der Jahre nachdunkeln und Patina bekommen, speichern die Wärme eines sonnigen Tages bis in die Abendstunden.

### Belastbare Beläge aus rustikalem Holzpflaster

Stärkere Lasten können die robusteren Holzpflaster aufnehmen, aber auch starke Holzbal-

Mit etwas baulichem Aufwand verbunden, aber über viele Jahre hinweg schön ist eine »schwebende« Konstruktion aus druckimprägniertem Holz.

Vermeiden Sie das Halbieren oder Zersägen einzelner Holzpflasterstücke, da diese dann schneller verwittern und das Holz zerfällt. Als Rasenpflaster eignet sich Holz nur bedingt, denn Erde und Wurzelwuchs greifen die Strukturen auch von druckimprägniertem Holz rasch an und lassen es faulen.

Wie normales Pflaster zu verlegen ist das rustikal wirkende Holzpflaster. Es wird in runden und eckigen Formen angeboten.

ken, aneinander gelegt und mit anderen Materialien kombiniert, halten viel aus und sind über Jahrzehnte schön. Verwenden Sie nur geschälte Rund- oder Kanthölzer, die druckimprägniert sind. Ihr Durchmesser beträgt bei den runden Formen zwischen 6 und 12 cm, so dass sich beim Verlegen keine großen Lücken ergeben. Quadratische Pflaster gibt es ab 10 cm Kantenlänge.

## Werkzeug- und Materialliste für Holzpflaster

**Aufmaß, Aushub, Unterbau:** wie bei »Pflastern« ab Seite 40
**Randbegrenzung:** Magerbeton, Kelle, Mörtelwanne zum Anmischen, Gießkanne oder Gartenschlauch
**Pflastern:** Holzpflaster, Holzschwellen, Wasserwaage, Richtlatte, Gummihammer
**Verfugen:** Splitt oder Sand
**Sonstiges:** Säge, Arbeitshandschuhe.

Je nachdem, wie stark die Beanspruchung der Fläche ist, sollte der Unterbau mehr oder weniger stark ausfallen. Die einzelnen Hölzer werden wie Pflaster (siehe Seite 39) verlegt, also auf einem gut verdichteten Untergrund und einer sauber aufgetragenen Splitt- oder Sandschicht. Da alle Holzstücke dieselbe Höhe besitzen, ist das Verlegen dann kinderleicht. Auch hier gilt: immer wieder nachmessen und Höhen überprüfen, einzelne Stücke mit Hilfe eines Gummihammers einrichten und auf eine gute Randbefestigung achten. Diese erreichen Sie mit Hilfe eines Keils aus Magerbeton oder der großen runden Holzscheiben. Dasselbe Motiv können Sie innerhalb Ihrer Flächen immer wiederkehren lassen oder einen Pfad aus Holzscheiben anschließen.

Eine weitere Möglichkeit, Holz als strapazierfähigen Belag einzusetzen, ist die Verwendung so genannter Eisenbahnschwellen. Dabei müssen Sie jedoch auf neues Material zurückgreifen, denn die alten, von Bahnstrecken abgebauten Holzschwellen dürfen wegen der hohen Altölanteile nicht mehr verkauft werden.

Sie können die großen Holzschwellen aneinander gereiht als Wegebelag, als Trennelemente zwischen Holz- oder Steinpflaster oder als Randbegrenzung verwenden. Verlegt werden die Schwellen wie bei Holzpflaster beschrieben. Kombinieren Sie sie mit Treppen oder kleinen Mäuerchen.

## Schnell verlegt: Holzfliesen für Ihre Sonneninsel

Die so genannten Holzfliesen eignen sich hervorragend für die Gestaltung sonniger Sitzplätze. Auch schmale Wege zwischen Gemüse- und Kräuterbeeten sind mit Hilfe dieser Fertigteile schnell und problemlos realisierbar. Mit Hilfe von Holzfliesen lassen sich Podeste zwischen Treppenläufen oder leicht abgestufte Gartenflächen schnell und ansprechend gestalten. Nicht geeignet sind Holzfliesen für Flächen, die schwere Lasten (etwa einen Pkw) tragen sollen, sowie für schattige, schlecht abtrocknende Bereiche. Holzfliesen sind mit gehobelter oder geriffelter, rutschfester Oberfläche zu haben, und es gibt inzwischen verschiedenste Fertigteile. Die meisten haben eine Kantenlänge zwischen 50 und 100 cm, sind quadratisch und vielseitig verwendbar. Auch künstlerisch gestaltete Elemente, zum Beispiel runde Sonnenformen, können eingebaut werden und lockern größere Flächen optisch auf. Druckimprägnierte Fichte und Kiefer sind für diese Holzelemente gebräuchlich; manche Firmen bieten auch Fertigteile aus härterem Holz, zum Beispiel

Schnell verwirklicht ist eine Terrassenfläche aus fertigen Holzfliesen. Hier können Sie sogar mit Farben arbeiten – lasieren Sie die Holzfläche doch einfach in Ihrer Lieblingsfarbe!

Douglasie oder teurem, importiertem Hartholz, an.

### Werkzeug- und Materialliste für das Verlegen

**Aufmaß:** Rollbandmaß oder Meterstab, Winkeleisen, Holzpflöcke oder Schnureisen, Richtschnur
**Aushub:** Schaufel, Spaten, Hacke, Schubkarre, Folie für Schüttgut, Pkw-Anhänger für Transport
**Unterbau :** Handstampfer, Splitt, Kies oder Sand, Vlies, Wasserwaage
**Unterkonstruktion:** Punktfundamente siehe Seite 26, Kies, Dübel, Konstruktionsbalken, Schrauben, Säge, Holzwerkzeug, Bohrmaschine
**Verlegen:** Holzfliesen, Wasserwaage, verzinkte Schrauben, Akkuschrauber oder Bohrmaschine mit Links- und Rechtsdrehung, Säge.

Auf keinen Fall dürfen Holzfliesen direkt auf dem gewachsenen Boden verlegt werden – das Holz fault sonst zu schnell. Am einfachsten ist das Verlegen der Holzfliesen auf Splitt oder Sand. Ohne Unterkonstruktion geht dies allerdings nur, wenn sehr wasserdurchlässiger Boden ansteht, der gut belastbar ist und sich nicht verformt. Nehmen Sie auf der zu belegenden Fläche die Rasendecke ab, verfüllen Sie die gut verdichtete, mit der Wasserwaage ausgelotete Fläche mit Splitt oder Sand und legen darauf die einzelnen Holz-

Unkrautbewuchs unter den Holzfliesen dämmen Sie mit Hilfe eines wasserdurchlässigen Vlieses ein, das zwischen gewachsenem Boden und Splitt- oder Sandschicht eingelegt wird.

fliesen. Messen Sie immer wieder mit der Wasserwaage nach, damit die Fliesen kein Gefälle aufweisen.
Viele Fertigteile sind bereits mit Nut und Feder sowie vorgefertigten Unterzügen für Verschraubungen versehen. Denn zusammengeschraubt werden müssen die einzelnen Elemente, da sie sonst im Lauf der Jahre »auseinander wandern«. Damit ist aber auch das Problem der Randbefestigung gelöst. Eine zusätzliche Arretierung oder der Einsatz von Beton oder Zement erübrigt sich hier.

Die leichten Holzfliesen können einfach auf einer verdichteten Schicht mit Splittauflage verlegt werden. Inseln und Stege benötigen dagegen Punkt- oder Streifenfundamente.

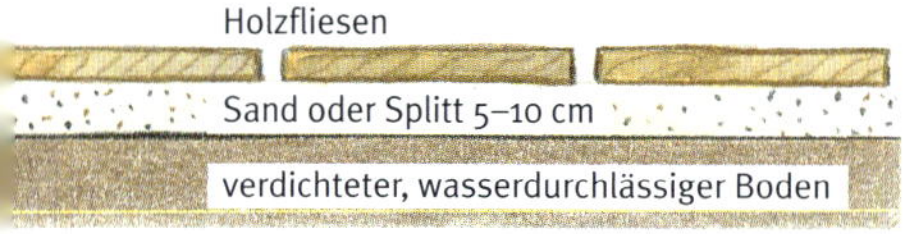


### Stabiler: Holzfliesen auf Unterkonstruktion

Wollen Sie auf Nummer Sicher gehen, müssen Sie eine Unterkonstruktion bauen. Dazu benötigen Sie stabile Kanthölzer als Auflage für die Fertigteile sowie Punktfundamente aus Beton. Wie Sie ein Punktfundament bauen, können Sie ab Seite 26 nachlesen. Messen Sie genau aus, machen Sie sich eine Konstruktionszeichnung und beginnen Sie dann mit dem Bau. Zuerst nehmen Sie mindestens 20 cm tief den anstehenden Boden ab und errichten die Punktfundamente. Bedenken Sie, dass sowohl Unterkonstruktion als auch Holzfliesen eine gewissen Stärke haben, die bei den Berechnungen zu berücksichtigen sind. Auf die Punktfundamente dübeln Sie die Holzkonstruktion, füllen alle Zwischenräume mit wasserdurchlässigem Kies auf und verlegen und verschrauben die Holzfliesen. Wenn Sie Gitterroste verwenden, durch deren größere Abstände immer wieder Unkraut sprießt, können Sie unter der Kiesschicht auch ein wasserdurchlässiges Vlies auslegen.

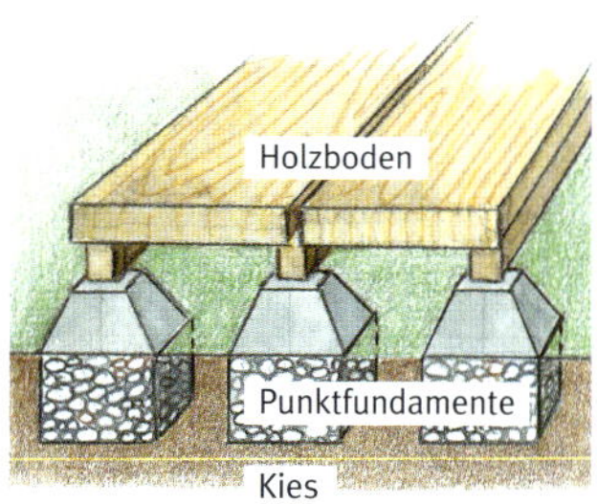


## Mit Holzdecks individuell gestalten

Soll Ihre Terrasse über dem angrenzenden Gartenteich »schweben«, der Weg einem Steg gleich durch die üppige Bepflanzung führen oder müssen Höhenunterschiede überwunden werden, bietet sich eine Holzkonstruktion an. Mit Hilfe von starken Punktfundamenten (Bau siehe Seite 26), stabilen Vierkantbalken und gehobelten Brettern mit oder ohne Rillen lassen sich stabile, dauerhafte und individuell gestaltete Sitzplätze sowie kleine Wege bauen.
Ideal ist ein Holzdeck auch als Erweiterung einer bereits bestehenden Gartenterrasse. Hier

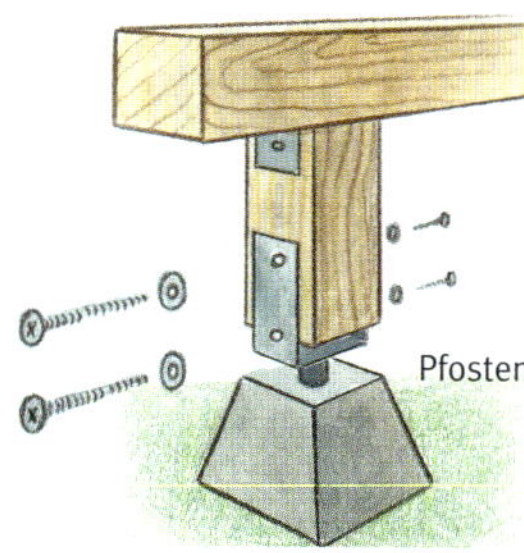

brauchen Sie Ihre Konstruktion nur an den vorhandenen Pflaster- oder Plattenbelag anzuschließen und erreichen damit schnell eine sehr ansprechende Lösung.
Für die Holzkonstruktion sowie die Auflagebretter sollten Sie nur wirklich gutes, gerades Material verwenden. Bedenken Sie, dass die Balken, auf denen Ihre Holzfläche ruht, genügend stabil sein, also mindestens 10 bis 12 cm Kantenlänge besitzen müssen, damit sich die darauf gebaute Fläche nicht biegt, wenn sie belastet wird. Wählen Sie einwandfreies, am besten druckimprägniertes Material, auch wenn man es im fertigen Zustand nicht sieht. Schließt die Holzterrasse an eine Hauswand oder Mauer an, können Sie die Balken mit Hilfe von Winkeleisen an der Wand befestigen. Damit kann nichts mehr verrutschen. Dübeln Sie, durch einen kleinen Abstandshalter vor Feuchtigkeit geschützt, die Balken in die vorbereiteten Punktfundamente und legen Sie die Auflagebretter auf. Auch hier sollten Sie sehr gutes Material verwenden: gehobelte Bretter aus druckimprägnierter Fichte oder Kiefer, eventuell mit Rillen versehen und mit gerundeten Kanten. Sie können verschiedenste Muster legen, diagonal, schachbrettartig, mit geradem Abschluss oder kurvig.
Auch hier sollten Sie Kies als saubere Schicht unter der Konstruktion verteilen; zum einen, um Unkrautbewuchs vorzubeugen, zum anderen, weil gerade bei leicht schwebenden Konstruktionen der optische Eindruck dann schöner ist.

Dank Druckimprägnierung haben die Hölzer eine lange Lebensdauer, erfordern kaum Pflegearbeit und sind universell im Garten einzusetzen.

Wenn bei einer geplanten Terrassenerweiterung die vorhandenen Pflastersteine oder Platten bereits älter oder nicht mehr im Handel erhältlich sind, ist es besser, gleich mit einem völlig andersartigen Material anzusetzen. Dies wirkt dann nicht wie Flickwerk, sondern als so beabsichtigt. Holz eignet sich hierzu besonders gut.

## Wege aus Rindenmulch und anderen Naturprodukten

Weiche Wege zwischen den Staudenbeeten, Unterteilungen von Gemüsebeeten und der Pfad durch das Heidegärtchen können sehr gut mit Hilfe von Forst- und Gartenabfällen (Häckselgut) naturnah gestaltet werden. Wichtig ist jedoch, dass dieses recht lockere Material seitlich einen gewissen Halt bekommt. Am besten verwenden Sie es nur zwischen bewachsenen Beetflächen. Als Übergang zum Rasen oder zu anderen, befestigten Flächen ist es nicht geeignet, da sich seine Bestandteile beim Begehen verschieben.
Rindenmulch wird aus den Rindenabfällen der Holzindustrie gefertigt und verrottet relativ langsam. Manche Produkte haben einen sehr strengen Geruch, der sich jedoch im Lauf weniger Wochen verflüchtigt. Rindenmulch ist in der Regel von relativ dunklem Braun, was bei der Gestaltung zu berücksichtigen ist.
Eine andere Möglichkeit ist das Ausbringen von Häckselmaterial, also dem Endprodukt von grob zerschredderten kleinen Ästen und Zweigen aus dem Gartenbereich. Dieses Material ist meist sehr viel heller, verrottet aber auch etwas rascher. Dafür kostet es Sie nichts, wenn Sie selbst genügend zu häckseln haben oder in der Nachbarschaft immer wieder Schnittgut anfällt.

Rindenmulch und Häckselgut eignen sich hervorragend, um lauschige Wege in Wäldchen, schmale Pfade durch Staudenbeete oder Arbeitswege im Gemüsegarten anzulegen.

Mit Hilfe von Rindenmulch und Häckselmaterial lassen sich besonders Wege unter Bäumen, aber auch »Schnupperpfade« zwischen Stauden- und Kräuterbeeten anlegen. Das Material darf in die angrenzenden Pflanzungen ausufern – Rasenflächen als Nachbarn sind jedoch tabu.

## Werkzeug- und Materialliste

**Aufmaß:** Rollbandmaß
**Aushub:** Schaufel, Spaten, Hacke, Schubkarre,
**Unterbau:** Splitt oder Sand
**Wegebelag:** Rindenmulch oder Häckselgut.

Beide Belagsarten sollten Sie auf einer wasserdurchlässigen, tragfähigen Schicht verteilen. Entfernen Sie deshalb Rasen und anderen Bewuchs sorgfältig und füllen Sie mit Splitt oder etwas Sand auf. Darauf verteilen Sie dann die Mulch- oder Häckselschicht in einer Dicke von mindestens 5 cm.

## Hübsche Alternative: Knüppelwege

Für einen Knüppelweg legen Sie einfach etwa unterarmdicke Holzstücke in der Breite des Weges auf einer dünnen Splittschicht dicht an dicht nebeneinander. Achten Sie darauf, dass sie wirklich satt aufliegen, um ein Hochschnellen oder Wackeln der einzelnen Äste zu vermeiden. Durch die Zwischenräume wird zwar im Lauf der Zeit so manches Kräutlein sprießen, das Sie dann aber einfach nur abschneiden, nicht herausreißen sollten, um den Untergrund nicht zu beschädigen. Solche Pfade halten meist lang und sind, wenn man ihrer überdrüssig ist, schnell durch ein anderes Material ersetzt.

Bereits fertig zu kaufen gibt es Holzbeläge aller Art (siehe auch Seite 61). Aber Achtung, sie können bei Feuchtigkeit sehr rutschig werden!

### auf einen blick

- Pflasterflächen lassen sich im Garten meist problemlos verlegen, unzählige Material- und Mustervarianten sind möglich.
- Nahezu alle befestigten Flächen brauchen einen seitlichen Halt, der mit Hilfe von Randbefestigungen erreicht wird.
- Platten- und Fliesenbeläge benötigen einen besonders sorgfältig vorbereiteten Unterbau, um nicht zu brechen.
- Nicht nur Stein, auch Holz eignet sich hervorragend für viele Wege- und Platzgestaltungen in Ihrem Garten.
- Ein wasserdurchlässiges Vlies im Unterbau mindert den Unkrautbewuchs merklich.
- Scheuen Sie sich nicht, auch ungewöhnliche Materialien zu kombinieren – ein guter Unterbau und saubere Verarbeitung garantieren den Erfolg.

# Treppen und Mauern

Manchmal ist ein Garten einfach nur langweilig, bretteben und ohne jegliche Spannung und Harmonie. Hier können Sie mit Hilfe von Mäuerchen und kleinen Treppen Abhilfe schaffen. Der abgesenkte Sitzplatz oder ein Hochbeet verleihen Ihrem Garten ein völlig neues Gesicht, neue Gartenräume enstehen!

Legstufen aus Sandstein, ein wunderschönes Schichtenmauerwerk – hier passt alles zusammen.

Häufiger ist es jedoch nötig, aufgrund vorhandener Geländegegebenheiten Steigungen und Gefälle mit Hilfe von Treppenanlagen und Stützmäuerchen abzufangen und begehbar zu machen. Und hier heißt es wirklich abzuwägen, ob diese Arbeiten noch in Eigenregie durchzuführen sind. Denn nichts ist gefährlicher als schlecht zu begehende Treppen oder kippeliges Mauerwerk. Scheuen Sie sich deshalb nicht, bei steilen Treppen sowie Mauern, die mehr als 80 cm Höhe haben oder einen Hang abfangen müssen, den Fachmann zu Rate ziehen. Weniger knifflige Treppenanlagen und Sitzmauern können Sie dann ohne Schwierigkeiten selbst gestalten und in die Tat umsetzen.

◀ Hübsche Accessoires begleiten den Zugangsweg auf diesem Hanggrundstück. Die Treppenstufen und Wege können auch Sie verwirklichen!

## Der Bau von Treppen und Stufen

Übersteigt eine Gefälle 10 %, müssen Stufen eingebaut werden. Für welche Stufenart man sich entscheidet, bestimmen Geschmack und die Gestaltung des übrigen Gartens sowie die Häufigkeit der Benutzung. So werden Treppen im Eingangs- und Terrassenbereich stabiler gebaut und sicherer zu begehen sein müssen als Stufen in einem etwas entlegeneren Gartenbereich. Die Vorbereitungen sind jedoch für alle Treppentypen gleich.

### Erste Schritte zur Verwirklichung

Das Wichtigste ist eine saubere **Detailzeichnung**. Dafür brauchen Sie genaue Maße aus dem Garten, also zuverlässige Höhen- und Längenangaben. Mit Hilfe mehrerer Latten, einer Wasserwaage, eventuell der Schlauchwaage (siehe Seite 35) und willigen Helfern können Sie ermitteln, wieviel höher zum Beispiel der Hauseingang über dem Straßenniveau liegt. Legen Sie die erste Latte, die selbstverständlich nicht krumm sein darf, auf das oberste Niveau, legen darauf die Wasserwaage und schlagen dort, wo Ihre waagerechte Latte endet, einen Pfosten ein. Seine Oberkante ist die Unterkante der Messlatte. Legen Sie nun die Messlatte auf diesen Pfosten und wiederholen Sie die Messung. Am unteren Ende Ihrer Treppe schlagen Sie ebenfalls einen Pfosten ein, wägen genau aus und haben

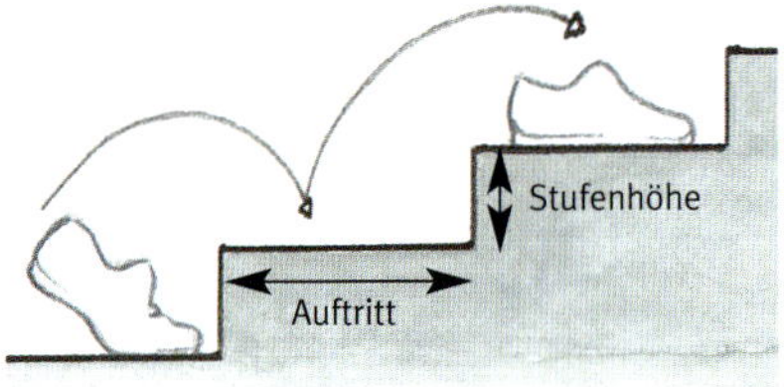


Stufen müssen sicher und gut zu begehen sein. Hierfür gibt es die so genannte Stufenformel (siehe unten).

somit den Unterschied zwischen »oben« und »unten«. Wenn Sie alle Maße auf Millimeterpapier übertragen, können Sie genau errechnen, wie viele Stufen Sie benötigen, um den Höhenunterschied zu überwinden.
Nun haben Sie zwar genaue Angaben, wissen aber nicht, ob die Stufen auch gut zu begehen sein werden. Dafür gibt es eine Stufenformel (siehe Tipp), die für alle Stufenberechnungen Grundlage sein sollte.
Selbstverständlich können diese Vorgaben etwas variieren. Zu steil dürfen die Treppen allerdings nicht werden, wenn sie im Eingangsbereich liegen und häufig auch mit Lasten oder bei schlechter Beleuchtung begangen werden müssen.
Zeichnen Sie nun die Stufen in Ihren Detailplan und vergleichen Sie die so entstandenen Höhen und Auftrittstiefen mit denen der Stufenformel. Vielleicht ist ja ein Zwischenpodest nötig, oder die Stufen müssen etwas versetzt angeordnet werden, um die Steilheit abzufangen.
Die **Breite der Treppe** richtet sich nach der Art der Nutzung. Eingangstreppen werden breiter angelegt sein als Nebentreppen im Garten. Müssen Sie Ihr Haus über Treppen erreichen, sollte die Treppenbreite mindestens 1,20 m betragen. Nebentreppen können von sehr schmal bis zu extrem breit gebaut werden, je nachdem, welche architektonische Note gesetzt werden soll. Bedenken Sie bei der Planung auch, dass sich viele Treppenformen sehr gut an ein Mäuerchen »anlehnen« lassen und dies ein sehr hübsches Arrangement ergeben kann.

Die **Stufenformel** lautet: 2 x Stufenhöhe + Auftrittstiefe = 64 cm.
Die 64 cm sind die Schrittlänge.
Die Podestformel lautet: 64 cm x Anzahl der Schritte, die auf dem Podest gegangen werden sollen + Auftrittstiefe der Stufe.
Die Stufenhöhen dürfen innerhalb eines Treppenlaufs nicht variieren, sondern sollen immer gleich sein.
Die Auftrittstiefe der Stufen muss mindestens 30 cm betragen.

Je nachdem, wie viel Platz Sie für die Treppe zur Verfügung haben, wird diese flacher oder steiler ausfallen. Beachten Sie aber immer die gute Begehbarkeit und planen Sie äußerst sorgfältig, am besten im Maßstab 1:10.

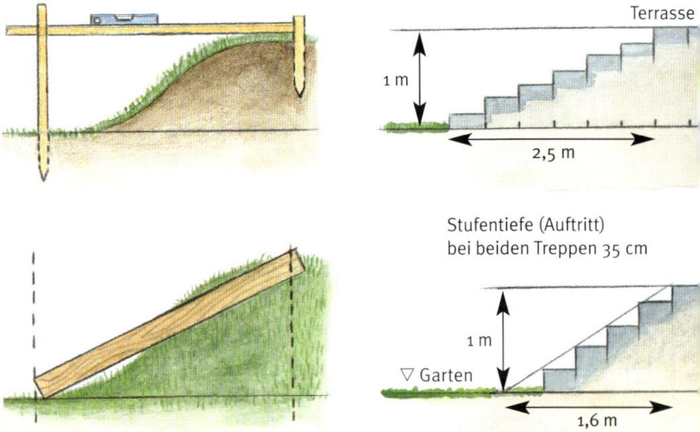

## Umsetzen in die Tat

Mit Hilfe von Schnureisen und Schnur richten Sie die Stufe ein. Zuvor muss der Untergrund sorgfältig verdichtet und bei größeren Treppenanlagen mit einem Betonfundament versehen werden.

Die Vorarbeiten für den Treppenbau sind bei allen Treppenarten sehr ähnlich. Zuerst legen Sie mit Hilfe von Pflöcken oder Schnureisen, Schnur und Wasserwaage die einzelnen Treppenstufen an und tragen die vorhandene Erde ab. Soll mit einer seitlich verlaufenden Mauer kombiniert werden, müssen Sie zuerst die Mauer errichten und danach die Treppe ansetzen.
Für einzelne Stufen oder wenig begangene Blockstufen reicht es bei gut zu festigendem Untergrund manchmal aus, die Stufe direkt auf das Erdreich zu legen und am Stufenfuß mit einer Reihe Pflaster Halt zu geben.
In der Regel kommt man jedoch ohne einen guten Unterbau nicht aus.
Rechnen Sie bei haltbarem, gewachsenem Boden mit einer Tiefe von mindestens 40 cm für den frostsicheren Bau. Bei einem Untergrund, der sehr schlüpfrig, weich oder erst vor kurzem aufgetragen worden ist, müssen Sie bis zu 80 cm einkalkulieren.
Beim Ausheben des Untergrundes wird bereits der Verlauf der Treppe sichtbar, man erkennt die Form und sehr genau die Anzahl der Stufen und Podeste.

Wenn Sie einen frostfreien Unterbau bereiten, sollten Sie bei Bedarf das seitliche Erdreich mit Brettern abstützen, um das Einrutschen zu verhindern. Bedenken Sie, dass vor allem die Treppenbreite in diesem Stadium großzügiger wirkt, als sie dann im fertigen Zustand sein wird. Denn um gut arbeiten zu können, muss etwas breiter als die endgültige Stufenbreite ausgekoffert werden.
Bringen Sie nun eine Schicht Schotter oder Frostschutzkies auf und »formen« Sie auch hierbei die Treppe nach. Bei Blockstufen und Legstufen bringen Sie anschließend als Fundament für die unterste Stufe eine etwa 20 cm starke Magerbetonschicht auf, um darin Ihre erste Stufe zu setzen. Beginnen Sie mit dem Treppenbau immer unten und arbeiten Sie sich nach oben vor. Jede Stufe muss ein leichtes Gefälle nach vorne aufweisen, damit überschüssiges Wasser ablaufen kann.
Nun richten Sie die Stufe mit der Wasserwaage und einem Gummihammer aus und beginnen mit dem Bau der zweiten Stufe. Hier reicht in der Regel ein etwa 10 cm starkes Betonbett aus; je nach Art der Stufen können Sie sogar nur auf Splitt oder Sand weiterarbeiten.

Denken Sie bereits jetzt an Kabel für eine mögliche Treppenbeleuchtung, Besonders schön sind in die Stufe integrierte Glasfaserkabel.

## Stufenarten

Da Stufen und Treppen in den seltensten Fällen völlig isoliert dastehen, sondern in der Regel Anschluss an einen Weg oder eine Terrasse haben, ergibt sich die Art der Stufen häufig von selbst. So wird man einer ruhigen Plattenfläche Legstufen aus demselben Material anschließen, einer rustikalen Pflasterfläche stehen dagegen hinterpflasterte Stellstufen besonders gut. Kieswege können in lagerhaften Blockstufen enden, und der Waldcharakter von Rindenmulchwegen wird durch hölzerne Knüppeltreppen noch unterstützt. Selbstverständlich sind viele Varianten möglich, doch innerhalb eines Treppenverlaufs sollte die Stufenart nicht wechseln, es sei denn, Sie haben ganz spezielle gestalterische Vorstellungen.

Legstufen müssen immer etwa 2 cm überlappen, damit sie nicht verrutschen. Auch ein leichtes Gefälle ist einzuplanen.

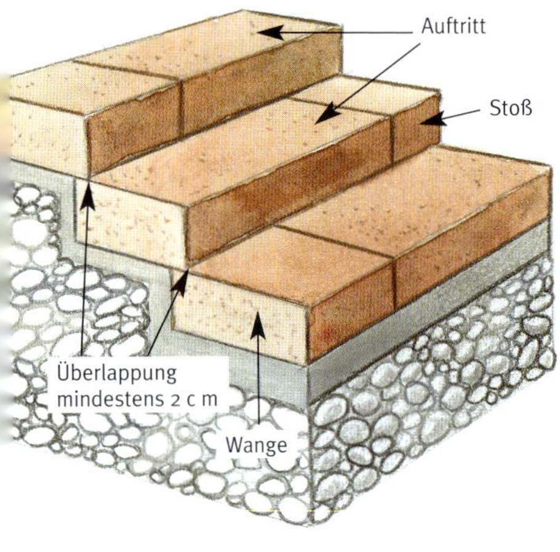


### Schnell und einfach: Treppen aus Blockstufen

Für welches Material Sie sich auch entscheiden – für den Bau einer Treppe aus Blockstufen sollten Sie immer mindestens zu zweit sein, damit Sie die einzelnen Stufenelemente einbauen können. Denn wie der Name schon sagt, bestehen die einzelnen Stufen hier aus einem massiven Block, der an seinen Platz gehoben werden will. Treppen, die breiter als 1 m werden sollen, können deshalb auch pro Stufe zwei Elemente enthalten, was der Optik nicht schadet und das Setzen der Steine erheblich erleichtert. Achten Sie jedoch darauf, die Fugen dann bei jeder folgenden Stufe versetzt anzuordnen.
Je nach Gegebenheit und Nutzungsart der Stufen wird der Unterbau (siehe Seite 69) für einteilige Treppenstufen ausfallen. Beachten Sie jedoch auf jeden Fall, dass die unterste Stufe satt und eben aufliegt und die folgenden Bauteile etwa 2 cm auf der darunter liegenden Stufe ruhen. Im gesamten Treppenverlauf muss jede Stufe mit einem Gefälle nach vorne eingebaut werden. Seitliche Gefälle sind zu vermeiden. Breite Treppen, deren Stufen aus mehreren Segmenten bestehen, müssen immer auf einem Betonbett verlegt werden, damit ein Auseinanderrutschen oder ungleiches Heben oder Senken der Nachbarteile verhindert wird.

**Material für Blockstufen**
**Natursteine:** Sehr schön sind Blockstufen aus Granit oder anderen harten Natursteinen. Sie fügen sich harmonisch in jeden Garten ein und ergeben dank ihrer natürlichen Farbabweichungen ein lebendiges Bild. Bestellen Sie die Blöcke beim Natursteinhandel gleich in den gewünschten Größen. Besonders bei Naturstein kann es sehr hübsch aussehen, wenn nicht alle Stufen die gleiche Breite besitzen, sondern variieren. Die Auskragungen sollten dann aber ausgeprägt sein und einmal mehr links, dann wieder rechts in das Gelände greifen. Kantensteine aus Granit, wie sie im Straßenbau Verwendung finden, sind ebenfalls gut geeignet, müssen aber wegen ihrer geringen Tiefe mit anderem

Unregelmäßig geformte Legstufen können sehr gut in einem nicht zu stark begangenen Gartenteil Verwendung finden. Sie werden einfach auf das verdichtete Erdreich aufgelegt.

Legstufen aus Beton verlegt man auf einem Betonbett. In Kombination mit Ziersplitt erhält diese Treppe einen sehr natürlichen Ausdruck.

Material hinterfüttert werden. Hier können dann auch Treppen verwirklicht werden, die leichte Kurven machen. Ob mit Kleinstein hinterpflastert oder einfach nur gekiest, es stehen viele Möglichkeiten offen. Tipps zum Hinterpflastern können Sie sich in dem Kapitel »Stellstufen« ab Seite 73 holen.

**Betonsteine:** Sie gibt es in allen Größen und Ausführungen. Häufig sind Auftritt, Wangen und Stoß feiner bearbeitet als die nicht direkt sichtbaren Stufenteile, so dass die Treppe auch dann schön aussieht, wenn sie nicht in das Bodenprofil integriert ist. Betonstufen lassen sich sehr gut mit anderen Materialien kombinieren und sind in der Regel absolut frosthart. Auf Anfrage erhalten Sie auch Sonderformen wie Ecken und Kurven.

**Holz:** So genannte Eisenbahnschwellen (siehe auch Seite 60) lassen sich wie Blockstufen einbauen, sind von den Maßen her allerdings etwas zu schmal für einen bequemen Auftritt. Hier können Sie die Auftrittgröße verbreitern, indem Sie mit Holzpflaster, Kies oder anderem Material hinterfüttern. Beispiel dafür siehe rechts.

Auch Holz lässt sich gut als Treppe verlegen. Mit Mosaiksteinen hinterpflastert, hält diese Konstruktion sehr lange.

Mit etwas Geschick und Fantasie lässt sich diese Treppe aus verschiedenen Pflastersteinen verwirklichen.

## Zeitlos schön: Legstufen

Verglichen mit den robusten Blockstufen erscheinen Legstufen in der Regel weniger schwer. Eine Legstufentreppe aus gesägtem, fein bearbeitetem Naturstein kann sehr vornehm wirken. Dazu gehört allerdings auch eine sorgfältige Ausführung der einzelnen Stufen, denn den leicht schwebenden Eindruck erreichen Sie nur, wenn die Auftrittsfläche etwas über die tragende Ansichtsfläche hinausragt. Das nämlich lässt die Ansichtsfläche etwas dunkler wirken, wodurch die optische Bodenhaftung nicht so stark hervortritt – die Platte scheint zu »schweben«.
Der Unterbau für Legstufen wird wie bei den Blockstufen (siehe Seite 70) angelegt, mit dem Aufbau der Treppe wird ebenfalls bei der untersten Stufe begonnen. Betonieren Sie zuerst die Unterlage ein. Hierfür sind Betonfertigelemente und Natursteine, aber auch aneinander gereihte Großsteinpflaster oder Palisaden geeignet. Die verbleibende Fläche hinter dieser Sichtfront verfüllen Sie mit Splitt oder Sand, verfestigen diesen und legen dann die Auf-

**Schöne Nachbarn:** Klein- und Großsteinpflaster, rustikale Betonsteine, Pflastermix, Kies, je nach Materialart auch Klinker oder Holzpflaster.

Legstufen aus Sandstein, dazu der passende Belag – nicht immer einfach zu verlegen, aber geprägt von zeitloser Eleganz und besonders in flacherem Gelände die ideale Form, einen Treppenlauf zu gestalten.

Da die Auftrittsflächen bei Legstufen über den Unterbau ragen, müssen die Deckplatten besonders stabil und mindestens 6 cm dick sein, um bei stärkerer Belastung nicht an den Vorderkanten zu brechen.

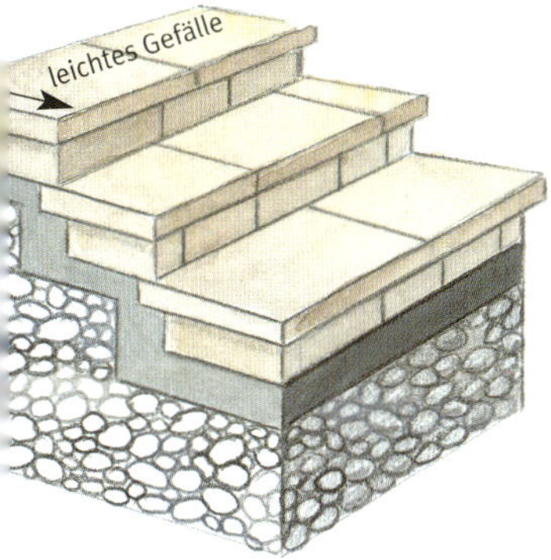


Bei den Legstufen muss die Deckplatte immer einige Zentimeter über die Stirnplatte hinausreichen.

trittsplatten darauf. Beachten Sie, dass die Platten absolut fest und satt aufliegen, und vermörteln oder verkleben Sie die Platten dann auf der Unterlage. Auch hier muss ein leichtes Gefälle nach vorne bestehen, und die Unterlage sollte an den Seiten der Treppe ein sauberes und schönes Bild ergeben. Meist werden Legstufen jedoch an flacheres Gelände oder an Mäuerchen angeschmiegt, so dass von den Wangen nichts oder nur wenig zu sehen ist.

**Material für Legstufen**

**Naturstein:** Hier sind es vor allem die verschiedenen Kalk- und Sandsteinarten, die sich hervorragend für den Bau von Legstufen eignen. Gesägt, bruchrau oder fein an der Oberfläche bearbeitet, finden Platten verschiedener Größen Verwendung. Die Dicke der Platten sollte nicht weniger als 6 cm betragen, um ein Brechen zu vermeiden.

Nur bedingt geeignet sind Platten aus sehr grobem Material wie Nagelfluh oder Schiefer, der zu leicht bricht. Auf jeden Fall zu vermeiden sind unebene, unregelmäßige Abschlüsse der Auflageplatten; sie könnten sehr schnell zu Stolperfallen werden.

**Beton:** Der Fachhandel hat inzwischen sehr natürlich wirkende und ansprechend bearbeitete Elemente im Sortiment, die sich erst beim zweiten Hinsehen als »nicht echt« herausstellen. Sie haben den Vorteil, absolut frostfest und bruchsicher zu sein.

**Holz:** Planken auf einer Unterkonstruktion aus Holz, Metall oder Beton können im weitesten Sinne auch den Legstufen zugerechnet werden.

**Schöne Nachbarn:** Zu Legstufen passen am besten ruhige Plattenbeläge aus demselben oder sehr gut korrespondierendem Material. Auch Kiesflächen, deren Ränder mit dem Material der Treppen eingefasst sind, sehen hierzu schön aus. Diese Stufenart fügt sich besonders attraktiv zwischen niedrige Mäuerchen und an flache Hänge mit seitlicher Bepflanzung.

Sogar mit Holz lässt sich eine Legstufentreppe bauen. Und auch hier ist das Spiel von Licht und Schatten zu sehen.

## Vielseitig und stabil: Stellstufen

Eine ganz andere Möglichkeit, Höhenunterschiede zu überwinden, bietet der Einbau von Stellstufen. Hier können alle Formen und Rundungen verwirklicht werden, denn der vordere Abschluss der Stufen besteht aus hochkant gestellten Elementen, aus Holz- oder Betonstelen oder -palisaden. Damit die gewünschten Rundungen und Schwünge harmo-

Stellstufen können aus Holz oder Beton, in gerader Linie, aber auch in Kurven eingebaut werden.

nisch aussehen, müssen Sie beim Bau sehr genau arbeiten und immer wieder nachmessen, ob der Halbkreis auch wirklich von runder Form ist und der Schwung auch wirklich keine Beulen oder Knicke zeigt. Denn als Erstes betonieren Sie Reihe für Reihe die vorderen Abschlüsse mit Hilfe von Stelen oder Palisaden, um dann zu hinterfüllen und den Auftritt zu pflastern oder mit anderem Material trittfest zu gestalten. Diese Stufenform benötigt in der Regel keinen besonderen Unterbau.

Um nicht nach vorne zu kippen, müssen die einzubetonierenden Stufenabschlüsse mindestens zur Hälfte im Boden verankert werden. Hinterfüllen Sie nach dem Abhärten des Magerbetons mit Splitt oder Sand und verfestigen Sie diese Fläche. Darauf können Sie dann pflastern oder einfach nur eine Splittschicht als Auftritt belassen. Beim Pflastern sollten Sie daran denken, dass Sie die Pflastersteine zwar einklopfen müssen, sich die Stufeneinfassung jedoch dank der Betonverankerung nicht mehr setzt. Also etwas höher pflastern, damit nach dem Einrütteln keine Stolperstellen verbleiben. Selbstverständlich können Sie die Stelen auch als Unterbau für Legstufentreppen verwenden und mit viel Geschick die Legplatten sogar einer runden, geschwungenen Stufenform anpassen.

Die Schwünge der Stellstufen können sich in angrenzenden Palisadenmäuerchen oder Terrassenabschlüssen wiederholen, was dieser Stufenart ein sehr variables Gepräge gibt.

## Ähnlich variabel: gelegte Abschlüsse

Vor allem Klinkertreppen sowie Stufen aus Granitpflaster lassen sich ähnlich schwungvoll gestalten. Nur dass hier die Abschlüsse auf einer leichten Betonschicht verlegt werden, die einen guten Unterbau aus Frostschutzkies oder Schotter und einer Auflage aus Sand oder Splitt besitzt. Hierauf bringen Sie zum Beispiel eine Rollschicht (siehe Seite 42 oben) aus Klinkersteinen auf und hinterpflastern diese Linie mit demselben Material auf einem Unterbau wie bei »Pflastern« ab Seite 39 beschrieben. Diese Art des Stufenbaus eignet sich allerdings nur für nicht zu steile Treppen, da die Auftrittshöhe durch die Dicke der Steine bereits festgelegt ist.

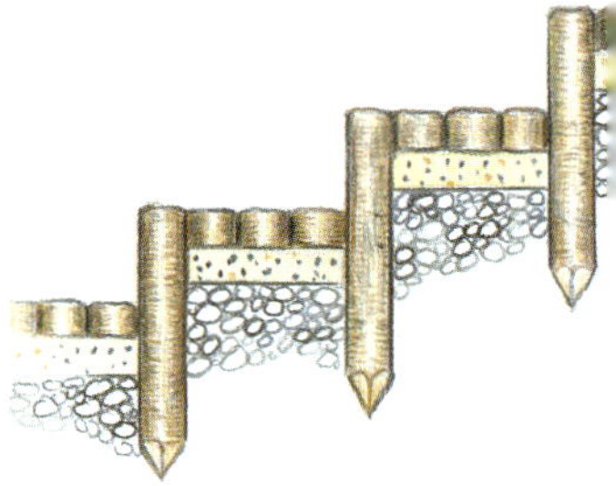

Für die Stellstufen sollten Sie die senkrechten Stelen einbetonieren, um ein Kippen nach vorne zu vermeiden.

## Material für Stellstufen

**Naturstein:** Naturstein findet bei dieser Stufenart nicht so häufig Verwendung, da zu viel

des teueren Steins in der Erde verschwindet.
**Beton:** Dieses Material ist sehr gut für Stellstufen geeignet und in vielen Varianten erhältlich. Passende Betonpalisaden gibt es rund und gekehlt, Letztere lassen sich besonders gut miteinander verbinden. Leider ist die Farbpalette hier nicht groß, hellgraue Betonoberflächen überwiegen. Gerade geschnittene Fertigteile in Form von Stelen sind jedoch in vielen Farb- und Oberflächenvarianten erhältlich.
**Holz:** Palisaden und Stelen aus Holz sind eine sehr hübsche und etwas billigere Alternative für weniger stark begangene Stufen. Sie sind druckimprägniert in grünlichen oder braunen Farbtönen erhältlich und lange haltbar. Allerdings müssen Sie damit rechnen, dass sich das Holz im Lauf der Jahre etwas verändert und Risse sowie Absplitterungen auftreten. Zudem können die Hölzer bei Nässe rutschig werden und leicht vermoosen.
**Schöne Nachbarn:** Stellstufen aus Beton und Naturstein lassen sich am besten mit Pflaster und Klinker kombinieren. Eine Verbindung mit Platten ist Geschmackssache und wegen der problematischen Anschlüsse an Rundpalisaden häufig auch schwierig. Besitzen die Stelen jedoch gerade Kanten, kann ein anschließender Belag sehr gut aus Platten gleichen Materials bestehen.
Holzpalisaden sollten mit »weichem« Material hinterpflastert werden, also mit Holzpflaster, Rindenmulch oder Kies.

Fliesen und Terrakotta erhalten immer ein leichtes Gefälle nach vorne, damit sich kein Wasser sammeln kann.

## Treppen aus Fliesen und Terrakotta

Wie bereits bei den Bodenbelägen Seite 54 beschrieben, gibt es inzwischen sehr schönes und haltbares Fliesenmaterial für den Außenbereich. Um eine Einheit mit einer gefliesten Terrassenfläche zu erhalten, sollten direkt anschließende Treppen aus dem gleichen Material bestehen. Wenn Sie dasselbe Fliesenmaterial wie im Haus verwenden, erreichen Sie sogar eine optische Erweiterung Ihrer Wohnfläche in den Gartenraum. Als Unterbau benötigen Sie für diese Flächen einen frostfrei gegründeten Betonunterbau, der exakt die endgültige Treppenform aufweisen muss. Auf diesen Unterbau kleben Sie die Fliesen mit Spezialkleber und verfugen nach dem Abhärten mit einem für Außenflächen geeigneten Fugenmörtel. Beachten Sie dabei, dass es sinnvoll ist, zuerst die Stirnfläche zu fliesen, um dann die Auftrittsflächen mit vorne abgerundeten Treppenfliesen zu belegen.
Auch hier ist es sehr wichtig, ein leichtes Gefälle nach vorne einzubauen, damit kein Wasser

Die Sichtflächen der gefliesten Treppen sollten am besten das gleiche Material wie der Auftritt erhalten.

stehen bleiben kann und die Fliesen bei Frost nicht platzen.
**Schöne Nachbarn:** Am besten passt zu Fliesentreppen natürlich gleiches Fliesenmaterial, aber je nach Art der Fliesen können auch Klinkerpflaster oder Holzelemente hübsch dazu aussehen.

### Knüppeltreppen im Naturgarten

Eine preisgünstige Möglichkeit, um Höhenunterschiede in abgelegeneren Gartenteilen zu überwinden, ist der Bau einer Knüppeltreppe. Hierfür benötigen Sie lange, angespitzte Rundhölzer für den senkrechten sowie etwas schwächere Rundhölzer für den waagerechten Einbau. Haltbarer ist die Treppe, wenn Sie druckimprägniertes Material verwenden, rustikaler sieht sie aus, wenn naturbelassenes Material samt Rinde zum Einsatz kommt. Einen speziellen Unterbau braucht diese Art von Treppe nicht. Die Materialien müssen allerdings so verbaut werden, dass die Treppe sicher zu begehen und wackelfrei ist. Dazu schlagen Sie pro Stufe zwei angespitze Holzpflöcke in den stufenartig vorbereiteten Untergrund. Die Holzpflöcke müssen mindestens zu zwei Dritteln im Boden stehen; wer ganz sicher sein will, bringt einen Mörtelkeil an, um ein Kippen zu verhindern. Diese beiden Pflöcke dienen als Halt für die waagerecht als vordere Befestigung angenagelten, etwas schwächeren Rundhölzer. Je nach Beschaffenheit und Tritthöhe werden dies zwei bis vier Stück sein. Nun hinterfüllen Sie mit Erde, etwas Splitt oder Sand und bringen eine Schicht Rindenmulch oder Häckselgut auf.
**Schöne Nachbarn:** Zu Knüppeltreppen können Sie alles kombinieren, was ein wenig rustikal wirkt.

Knüppeltreppen erschließen Hangbereiche vor allem in naturnah gestalteten Gärten und sind einfach zu bauen.

## Mauern für jeden Teil des Gartens

Einen kleinen Hang am Sitzplatz abfangen, Treppen Halt geben oder einfach nur gestalterisch tätig werden – das alles können Sie mit kleinen Mauern, Hochbeeten oder gemauerten Terrassierungen. Dabei sind von streng gemauert bis zum Steinwall alle Möglichkeiten offen. Das Spektrum des Mauerbaus reicht von der gegossenen Betonmauer über feinstes Natursteinmauerwerk bis hin zu nahezu ungeordneten Steinhaufen. Uralte Weinbergmauern und die Zyklopenmauern der Antike geben ebenso wie edles Marmormauerwerk Zeugnis von der Vielfalt der Mauertypen. Wir können uns für den Garten so manches Beispiel herauspicken und im Kleinen verwirklichen, sie aber auch einfach nur als gelungenes Anschauungsmaterial betrachten und Ideen daraus schöpfen.

### Fundamente für Mauern

Frei stehende Mauern, aber auch solche, die einen Hang abfangen sollen, benötigen in der Regel ein stabilisierendes Fundament (siehe Bild Seite 79). Frei stehende Mauern, die

Beim **Schichtenmauerwerk** verlaufen die Fugen in einer Waagerechten, und die Steinhöhen sind immer die gleichen.

**Wechselmauerwerk** ist etwas lebhafter im Aussehen, hier unterbrechen größere Steine die Fugenlinien.

**Zyklopenmauerwerk** ist sehr unregelmäßig aus großen Steinen gefertigt, die lagerhaft aufeinander ruhen.

höher als 1 m werden, sollten frostfrei gegründet werden, das heißt, Sie müssen den anstehenden Boden etwas breiter als die spätere Mauer 80 cm tief entfernen, etwa 60 cm Frostschutzkies oder Schotter aufbringen, diesen gut verdichten und mit einer etwa 20 cm starken Betonschicht versehen. Nach dem Aushärten des Betons wird die erste Lage der Mauer mit Hilfe von Mörtel auf den Beton gesetzt. Darauf lässt sich dann eine sichere frei stehende Mauer gestalten. Höhere Mauern mit Hinterfüllung erhalten ebenfalls ein frostfreies Fundament mit Betonschicht. Für Mauern bis zu einer Höhe von etwa 60 cm reicht ein Streifenfundament (siehe Seite 26) aus. Dazu heben Sie auf der gesamten Länge der Mauer etwa 40 cm des anstehenden Bodens aus, füllen Beton ein und beginnen nach dem Trocknen mit dem Mauern. Beachten Sie bitte, dass die Betonschicht später unter der endgültigen Höhe des Bodens zu liegen kommt, damit das Fundament nicht zu sehen ist.

## Frei stehendes Mauerwerk

Niedrige Sitzmäuerchen und Abgrenzungen zur Terrasse hin lassen sich relativ einfach in Eigenregie bauen. Schwieriger wird dies bei frei stehenden Mauern, die höher als 1,20 m werden. Hier sollte man sich überlegen, aus Sicherheitsgründen einen Fachmann ans Werk gehen zu lassen.

### Materialien für Mäuerchen

**Naturstein:** Mauern aus Naturstein haben einen ganz besonderen Reiz. Für frei stehende Mauern bieten sich regelmäßig behauene oder geschnittene

Auf einem Streifenfundament wird Schicht für Schicht das Mauerwerk aufgebaut, hier aus verschiedensten Materialien.

Bald kann die Stützform auf der Hinterseite der Mauer entfernt und das Mäuerchen sauber verfugt werden.

Auch das ist eine frei stehende Mauer, deren Sandsteinblöcke sauber aufeinander geschichtet wurden. Hier wurde Mörtel zur Stabilisierung verwendet und dann die Erde für die Pflanzfläche eingefüllt.

Steine an, da sie sich gut aufeinander schichten lassen. Unterschiedlichste Möglichkeiten des Mauerns sind gebräuchlich. So bieten sich hier das Quadermauerwerk, wie es aus der Antike bekannt ist, das Wechselmauerwerk oder das Schichtenmauerwerk besonders an. Für diese Art des Mauerns sind allerdings ein gutes gestalterisches Auge und noch besseres handwerkliches Geschick nötig, denn die Natursteine müssen häufig noch nachkorrigiert und in die richtige Form gebracht werden. Natursteinmäuerchen benötigen eine schützende Abdeckung, die mit Hilfe besonders großer Platten oder Steine gewährleistet wird. Die einzelnen Schichten der frei stehenden Mauern müssen mit Mörtel miteinander verbunden werden, wobei zu beachten ist, dass manche Gesteinsarten kalkhaltige Mörtel nicht vertragen. Das Verfugen erfolgt ebenfalls mit Mörtel und einem Fugeneisen, überschüssiges Fugenmaterial ist sorgfältig nass abzuwischen. Achten Sie darauf, dass die Fugen nicht zu breit angelegt werden. Das sieht nicht schön aus und vermindert zudem die Stabilität der Mauer.

**Fertigteile aus Beton:** Die Industrie bietet hier zahlreiche Möglichkeiten an. Nicht nur in Mausgrau, sondern täuschend echt Natursteinen nachgeahmt, was Farbe, Struktur und Formatgröße der einzelnen Mauersteine betrifft. Dazu gibt es alle möglichen Sonderformen sowie passende Abdeckplatten und anderes Zubehör. Außerdem erhalten Sie eine genaue Aufbauanleitung. Die einzelnen Lagen

Interessante Oberflächenstrukturen erhalten Sie, indem Sie für die Verschalung Ihrer Betonmauer stark gemaserte Bretter verwenden oder andere, stark strukturierende Gewebe innerhalb der Verschalung anbringen.

Stützmauern aus Beton benötigen eine Schalung aus Holz sowie eine Armierung aus Stahl, um dauerhaft haltbar zu sein.

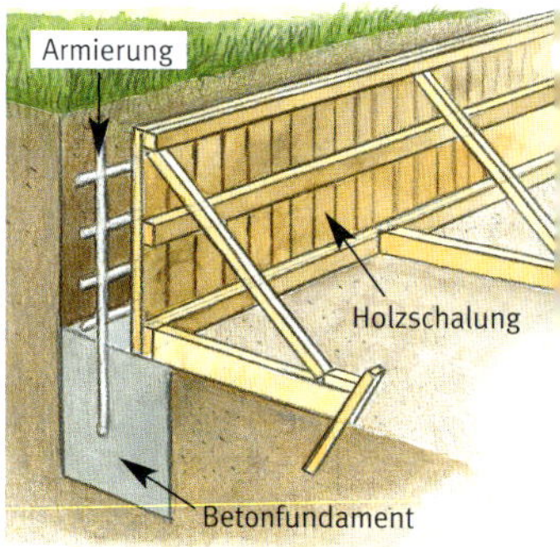

werden mit Dünnbrettmörtel verlegt und müssen in der Regel nicht verfugt werden, da sie fast nahtlos ineinander passen.

**Betonierte Mauer:** Für diese Mauerart müssen Sie eine Verschalung aus Holz errichten. Auch hierfür brauchen Sie zuerst eine ausreichende Fundamenttiefe von mindestens 40 cm. Jede frei stehende Mauer sollte mindestens 40 cm Stärke besitzen. Besonders stabil wird Ihre Mauer, wenn Sie Baustahlmatten mit einarbeiten. Verfüllen Sie die Verschalung mit Beton, immer lagenweise, verdichten Sie nach jeder Lage sorgfältig, schlämmen Sie mit etwas Wasser ein und füllen Sie bis zur gewünschten Höhe auf. Mit einem Brett wird die oberste Betonschicht gerade gezogen und nach dem Abhärten mit Hilfe hübscher Abdeckplatten verschönt.

Sehr vielfältig können Sie gestalten, wenn Sie grobkörnigen Beton verwenden und dann durch nachträgliches Bearbeiten der erhärteten Fläche mit Hammer und Meißel schöne natursteinähnliche Strukturen erarbeiten. Die graue Farbe wird allerdings immer bleiben.

**Klinker:** Unverputzte Mauern aus Klinker (siehe auch Seite 32) haben eine besonders

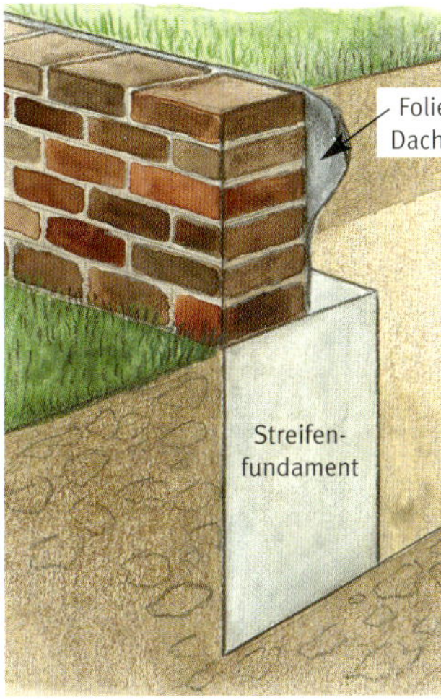


Kleine gemauerte Stützmauern erhalten ein Betonfundament und als Schutz vor eindringender Nässe eine Folie.

»warme« Note, lassen sich relativ einfach bauen und sind auch nach Jahrzehnten noch schön. Sie können damit geometrische, aber auch kurvige Formen anlegen. Ob niedrige Mauer zum Sitzen, Stützmäuerchen in Verbindung mit Stufen oder Hochbeet – alle benötigen ein Fundament aus Beton. Verbinden Sie die einzelnen Lagen mit Zement und verfugen Sie anschließend mit speziellem Fugenmaterial. Wichtig: Säubern Sie die Klinker möglichst sofort mit Wasser und Schwamm von überschüssigem Zement und Fugenkitt, denn später ist es schwierig, das Material ohne Beschädigung der Steine wieder abzubekommen. Klinkermauern benötigen einen Abschluss nach oben, damit keine Feuchtigkeit eindringen und die Mauer bei Frost »sprengen« kann. So genannte Rollschichten aus Klinker, aber auch etwas überstehende Natursteinplatten haben sich bewährt und sehen sehr schön aus.

**Ziegelmauerwerk:** Für Ziegelmauerwerk benötigen Sie Ziegel, wie sie auch beim Hausbau verwendet werden. Sie müssen nicht, wie bei den Klinkern der Fall, hart gebrannte Vollziegel kaufen. Der Aufbau erfolgt auf einem Betonfundament, auf dem Sie lagenweise die Ziegel mit Zement aufmauern. Da die Mauer im Anschluss verputzt

Achten Sie bei einer »Sitz«-Mauer besonders darauf, dass die Maße stimmen, sonst wird sie sehr unbequem.

Zum Ausrichten der Palisaden können Sie eine Holzleiste verwenden. Wird hinten angefüllt, kann sie bleiben.

wird, können Sie hier sehr schöne Rundungen, kleine Gucklöcher und Fensterchen, aber auch rund verlaufende Höhenstaffelungen gestalten. Hier stört es nicht, wenn Sie Ziegel zuschneiden müssen, um runde Formen zu erhalten. Abgerundete obere Abschlüsse sollten so verputzt werden, dass das Wasser gut ablaufen kann, ansonsten müssen Sie einen schützenden Abschluss anbringen. Das kann mit dem Setzen von hübschen Dachziegeln (zum Beispiel Mönch und Nonne), aber auch größeren Platten oder frostfesten Fliesen geschehen. Nach dem Verputzen und Trocknen der Mauer können Sie diese ganz nach Geschmack farbig gestalten.

Einem Unterspülen der Mauer durch Hangwasser können Sie mit dem Einbau eines Dränagerohres entgegenwirken, das mit leichtem Gefälle entlang der Mauerrückseite eingebaut und außerhalb des Mauerbereiches in wasserdurchlässigen Untergrund oder eine vorhandene Sickergrube entwässert wird.

## Stützmauern und Hochbeete

Mit Ausnahme der Trockenmauer (siehe Seite 82) benötigen alle Stützmauern ein ausreichend tiefes Fundament. Immer gewährleistet sein muss der Abfluss von Hangwasser hinter der Mauer, in manchen Fällen wird man um eine Dränage nicht herumkommen. Gemauerte Mauern ab etwa 80 cm Höhe sollten immer mit einer leichten Neigung zum Hang hin aufgebaut werden. Bevor Sie mit dem Bau beginnen, müssen Sie Untergrund und die zu vermauernde Hangseite sehr genau herrichten, das heißt, Sie bauen ein geeignetes Streifenfundament und schrägen den Hang gleich in der richtigen Neigung ab. Manchmal, zum Beispiel bei sehr sandigem Boden, kann dies Schwierigkeiten bereiten, dann muss der Hang mit Hilfe von Brettern so abgestützt werden, dass kein Material nachrutschen kann. Um eine gleichmäßige Neigung zu gewährleisten, wird mit Hilfe zweier Lattengerüste, die genau die Neigung der zu errichtenden Mauer besitzen, und einer Schnur immer wieder nachkontrolliert. Ist die Mauer bis zur gewünschten Höhe fertiggestellt, sollten Sie als Schutz vor Wasser eine Abdichtungsfolie direkt am Mauerrücken anbringen. Danach wird wasser-

Gut eingewachsen verlieren Fertigteil-Elemente schnell ihr manchmal etwas abweisendes Gesicht.

Hier bilden Palisaden aus Kantholz einen gelungenen Terrassenabschluss. Mit Vlies hinterlegt, bleibt die Erde innerhalb des Troges und drückt nicht zusammen mit dem Wasser zwischen den Ritzen ins Freie.

durchlässiges, frostunempfindliches Material in die etwa 30 cm starke Lücke zwischen Mauer und Hintergrund eingebracht. Dies kann Schotter, aber auch Lava sein, lagenweise eingefüllt und immer wieder gut verdichtet. Zuletzt bringen Sie schützende Abschlussplatten auf und ebnen die Anschlüsse oben und unten an.

### Materialien für Stützmauern und Hochbeete

**Naturstein, Klinker und Beton**

Jede Art von Naturstein, ob regelmäßig oder unregelmäßig, können Sie für den Bau einer Stützmauer verwenden. Auch Klinker macht sich gut für kleine Mäuerchen und seitliche Abschlüsse. Weniger geeignet, vor allem für höhere Stützmauern, sind gemauerte, verputzte Mauern, denn sie saugen sich zu schnell mit Wasser voll. Die beste Stabilität bieten gegossene Betonmauern, die alle Formen des Mauerbaus zulassen.

**Betonfertigteile:** Niedrige Hangabstützungen, aber auch Hochbeete lassen sich sehr gut mit handelsüblichen Betonformsteinen bewältigen. Hier gibt es U- und L-Steine, Mauerscheiben sowie fertige Mauerelemente für Radien, also runde Formen oder Eckkonstruktionen. Dafür erhalten Sie von den jeweiligen Betonfirmen genaue Aufbau- und Verarbeitungsanleitungen an die Hand. Auch so genannte Pflanzwandsteine, also wannenförmig gestaltete Betonformsteine, bieten sich zur vielfältigen Hangsicherung an. Sie werden über einem sichernden Fundament aus Magerbeton schichtweise ineinander verhakt und mit Erde verfüllt. Auf diese Weise lassen sich auch steilste Hänge sehr schnell in eine grünende und blühende Wand verwandeln.

**Palisaden und Stelen:** Mit Hilfe von Holzpalisaden und Stelen kann man Mauern bis zu einer Höhe von 2 m abstützen. Sie sind sehr variabel einsetzbar und bei druckimprägnierter Ware über viele Jahrzehnte haltbar. Betonpalisaden und Stelen eignen sich nur für niedrigere Abgrenzungen und Stützmauern bis zu einer Höhe von maximal 1,20 m, da Beton in dieser »Stangenform« nicht so viel Druck aushält wie das »weichere« Holz in vergleichbarem Durchmesser. Jedoch hat die Betonindustrie diverse Formen entwickelt, die das Verarbeiten erleichtern. So gibt es gekehlte Palisaden, die gut ineinander greifen und damit dichter sind.

Palisaden und Stelen benötigen einen durchlässigen, gut verfestigten Untergrund. Richten Sie jede Stele und jede Palisade

Ein Hochbeet aus Trockenmauern kann nach allen vier Himmelsrichtungen zeigen. Von der stark besonnten, warmen Süd- bis zur schattigen Nordseite ergeben sich dann auf kleinstem Raum sehr unterschiedliche Experimentierfelder für interessierte Pflanzenliebhaber.

mit Hilfe der Wasserwaage senkrecht aus und befestigen Sie die Stelen mit Hilfe eines Betonkeils auf der dem Hang abgewandten Seite. Kleine Holzkeile sorgen dafür, dass die Abstände immer gleich ausfallen. Bedenken Sie auch, dass sehr tief ausgegraben werden muss, denn die Palisaden und Stelen müssen zu einem Drittel ihrer Gesamtlänge im Erdboden verankert sein, damit sie dem Erddruck standhalten und sich nicht neigen. Auf der sicheren Seite sind Sie, wenn Sie die Stelen mit Hilfe eines Betonkeils vor dem Kippen bewahren. Wird Erde hinterfüllt, empfiehlt sich der Einbau eines Vlieses, damit keine Erde durch die Ritzen gespült wird.

Fertigteilwände aus quer gelegten Hölzern können ebenfalls Hänge abfangen. Hierzu werden halbrunde Holzpfosten wie Palisaden im Boden befestigt und zwischen zwei oder mehreren dieser Halterungen Palisaden eingelegt. Befestigen Sie ein Vlies zum Schutz gegen ausgespülte Erde an der Rückwand und füllen Sie mit Erde an. Braun lasiert sieht auch diese Stützmauer hübsch aus.

## Kommen ohne Mörtel aus: Trockenmauern

Für Trockenmauern eignen sich alle Arten von Naturstein. Am besten erkundigen Sie sich, welche Steine in Ihrer Region natürlich vorkommen, und verwenden diese dann auch in Ihrem Garten. So kann etwa der poröse Tuffstein, der feine Sandstein, aber auch Porphyr, Granit und vieles andere verbaut werden. Allen gemein sind der Aufbau und der Zweck, vielen Pflanzen und Tieren eine Heimat zu geben.

Trockenmauern »lehnen« sich in der Regel an einen Hang an, denn sie benötigen Erdanschluss, um den Pflanzen genügend Nahrung und Wurzelraum zu bieten. Dabei sollte die Höhe der Mauer aus Sicherheitsgründen 1,20 m nicht überschreiten – immerhin wird ohne Mörtel oder anderes verbindendes Material gearbeitet – und eine Mindestdicke von 40 cm besitzen. Allerdings hat diese Mauerart den Vorteil, flexibel auf Bodenbewegungen, Hebungen und Senkungen zu reagieren, ohne an Sicherheit und Schönheit zu

Immer schön und Heimat für viele Pflanzen und Tiere ist die Trockenmauer, die leicht nach hinten geneigt gebaut wird.

Trockenmauern müssen nicht immer in der vollen Sonne stehen, auch wenn sie dort ideale Heimstatt für üppige Polsterstauden und sonnenhungrige Tiere sind. Auch im Schatten gedeiht so manches: filigrane Farne, weiche Moose und andere Schattenkünstler.

verlieren. Wichtig ist, dass auch diese Mauer ein wasserdurchlässiges, etwa 20 cm starkes Fundament aus Kies oder Schotter erhält. Schicht für Schicht werden nun leicht nach hinten geneigt die Steine aufeinander gelegt, immer darauf bedacht, dass sie satt und ohne zu wackeln ineinander greifen. Vermeiden Sie auch hier Kreuzfugen (siehe Seite 55) und planen Sie an manchen Stellen etwas breitere senkrechte Fugen ein, um den Pflanzen das Wachsen zu erleichtern. Stabilität erhalten Sie, indem Sie in regelmäßigen Abständen Steine so einbauen, dass ihre lange Seite nach hinten zeigt. Verfüllen Sie zuletzt den Spalt zwischen Mauer und Erde mit etwas Schotter, den Sie gut feststampfen, und bepflanzen Sie die Mauerfugen mit bunten Steingartenpflanzen.

## auf einen blick

- Mit Hilfe von Treppen und Mauern lassen sich nicht nur Höhenunterschiede bewältigen, sondern auch langweilige Gärten in abwechslungsreiche Anlagen verwandeln.
- Treppen müssen immer gut und sicher zu begehen sein, egal, welchen Treppentyp Sie bevorzugen.
- Das Material von Wegen, Plätzen und Mauern sollte mit der Materialwahl der Treppe harmonieren.
- Für die Gestaltung von Mauern gibt es unzählige Möglichkeiten. Immer wichtig ist jedoch ein stabiler Unterbau.
- Ohne Mörtel und anderes Hilfsmaterial kommen Trockenmauern aus, die vielen Pflanzen und Tieren eine Heimat bieten können.

# Sichtschutz und Rankgerüste

Des Nachbarn Terrasse nur zwei Armlängen von der eigenen entfernt, neugierige Passanten am Gartenzaun oder eine eintönige Garagenwand im Blickfeld des Wohnzimmerfensters? Mit Hilfe von Rankgerüsten und Sichtschutzelementen lässt sich fast jeder Garten in eine Oase der Ruhe und Geborgenheit verwandeln.

Schnell gebaut ist dieser weiß gestrichene Raumteiler, der eine herrlich blühende Clematis stützt.

Zum Glück gibt es sowohl für Eilige als auch für Gartenliebhaber, die sich im Laufe von Jahren eine hübsche Laube mit Kletterpflanzen begrünen lassen wollen, eine Vielzahl von Möglichkeiten. Einfache Wandspaliere, bereits vorgefertigte Rank- und Sichtschutzelemente sowie Bauteile für größere Pergolen ermöglichen dem Hobbygärtner zudem, seine Wünsche im Eigenbau zu erfüllen. Ein paar Tipps und Tricks helfen Enttäuschungen vorzubeugen.
So müssen Sichtschutzelemente, aber auch Pergolen immer einen Bezug zum Gebäude oder zu einem anderen festen Element wie zum Beispiel einer Mauer oder hohen Hecke haben, um nicht wie verloren im Garten zu stehen. Dasselbe gilt für die immer beliebter werdenden Rosenbögen. Auch sie brauchen einen Bezug zu anderen Gestaltungselementen, wenn sie zu einem harmonischen Teil des Gartens und nicht zum Fremdkörper werden sollen.
Lassen Sie sich bei der Wahl des Materials von den bereits vorhandenen Materialien im Garten und am Haus leiten.
Und natürlich spielen auch die Größe des Gartens sowie die Art der Verwendung eine Rolle. In der Regel gilt: Je kleiner der Garten, umso filigraner und weniger »schwer« die Einbauten. Leicht und luftig wirken Metallkonstruktionen, aber auch weiß gestrichenes Holz, schwerer und robuster dagegen dunkle Holzkonstruktionen.

◀ Ob als Schattenspender und Sichtschutz, als Gestaltungselement oder Raumteiler – eine Pergola ist immer schön.

## Der Einbau von Sichtschutzelementen

Fertige Sichtschutzelemente aus Holz gibt es in den unterschiedlichsten Ausführungen, vom einfachen Flechtzaun bis hin zu kunstvollen Elementen mit unterschiedlichen Mustern. Allen gemeinsam ist, dass sie Stützpfosten benötigen, in welche die einzelnen Elemente eingehängt werden. Das nicht unbeachtliche Eigengewicht, dazu das Gewicht einer Berankung und eventueller Winddruck dürfen die Konstruktion nicht ins Wanken geraten oder gar kippen lassen, weshalb eine ausreichende Verankerung in Boden und eventuell angrenzender Wand unerlässlich ist. Hierfür gibt es im Handel verschiedene fertige Boden- und Wandverankerungen zu kaufen.

## Auf das feste Fundament achten

Wirklich gut halten Sichtschutzelemente, die ja anders als Pergolen auf nur zwei »Beinen« stehen und eine starke Segelwirkung haben, nur dann, wenn man sie auf geeigneten Fundamenten montiert. Da die Pfosten in der Regel aus Holz sind, empfehlen sich feuerverzinkte Fertigteile als Pfostenschuhe, die einen Erdkontakt der Holzpfosten verhindern. Am gängigsten ist das Montieren auf Punktfundamenten. Wie sie diese herstellen, können Sie ab Seite 26 nachlesen. Die für das stabile Verankern der Holzpfosten benötigten so genannten Pfostenanker und Pfostenschuhe erhalten Sie als Zubehör überall dort, wo Sie Sichtschutzelemente kaufen können.
Zum Aufdübeln auf Betonstreifen gibt es U-Pfosten-Laschen und für leichte Spaliere Pfostenträger, deren U-förmige Auflage auf einem Riffelstahlrohr ruht. Wer etwas mehr Geld investieren will, erhält viele dieser Träger auch in rostfreiem Edelstahl.
Leichte Bauweisen, die auf einer Seite an einer Hauswand verankert werden, können mit einer Einschlaghülse aus verzinktem Stahl befestigt werden. Auch hier haben die Hölzer keinen Bodenkontakt; die Hülsen werden mit Hilfe spezieller Einschlagwerkzeuge (als Zubehör erhältlich) in den anstehenden Boden eingeschlagen.
Aber nicht nur Holzpfosten bieten sich an. Häufig werden auch Metallkonstruktionen verwendet, die ein schön geschmiedetes Gitter halten. Diese verzinkten Metallpfosten werden direkt einbetoniert und sollten mindestens 60 cm tief sitzen, damit ein Kippen vermieden wird.
Beim Einbetonieren der Halterungen müssen Sie genau die Waagrechte und Senkrechte einhalten, da sonst Schwierigkeiten beim Einhängen der einzelnen Sichtschutzelemente entstehen können. Am besten klemmen Sie die Halterungen mit Hilfe passender Holzstücke und stabilisierender Holzlatten in der richtigen Lage fest, bis der Beton abgehärtet hat und die Elemente eingehängt wer-

Raumteiler gibt es in großer Vielfalt im Gartenfachmarkt und bei Holzwerken. In der Regel liegt eine gut verständliche Bauanleitung bei, sodass die Idee schnell in die Tat umgesetzt werden kann.

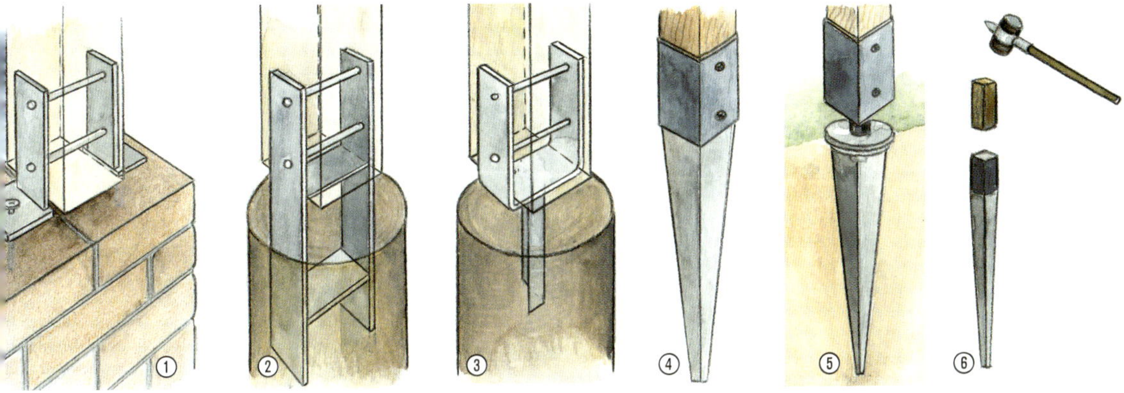


Zur Befestigung sind verschiedenste Möglichkeiten erhältlich: mit einem Schuh auf der Mauer ①, mit im Fachmarkt erhältlichen Befestigungselementen aus Stahl für den Einbau in Punktfundamente ②, ③, mit Einschlaghülsen ④, ⑤, und in anderen Varianten. Lassen Sie sich beraten, was für Ihre Pergola das Richtige ist. Das Einschlagen geht am besten mit einem Einschlagholz ⑥.

den können. Achten Sie auch beim Einschlagen von Einschlaghülsen darauf, diese möglichst senkrecht einzuschlagen, denn spätere Korrekturen sind kaum noch möglich.

**Gängige Maße für Sichtschutzelemente**

**Flechtzäune:** 150 x 150, 180 x 100 cm, 180 x 150 cm, 180 x 190 cm, dazu Türen, Tore usw.

**Dichtzaunelemente:**
180 x 90 cm, 180 x 180 cm, dazu Abschlusselemente, Türen und Tore verschiedener Ausführungen

**Frei stehende Rankgitter:**
120 x 100 cm, 180 x 60 cm, 180 x 100 cm, 165/180 x 180 cm, 180 x 190 cm, dazu gebogene Formen

## Der Bau einer Pergola

Die gebräuchlichste Pergolaform ist ein Bau aus Holz. Auch hierfür hält der Handel vielfältige Baukastensysteme bereit, sogar Rundbögen aus Leimholz können Verwendung finden. Natürlich sind aber auch Eigenkompositionen aus Holz oder Metall sowie Kombinationen mit Stein und Mauerwerken möglich. Allen gemein ist, dass sie sich harmonisch in die Gestaltung des Gartens einfügen sollen und nicht ohne Bezug mitten im Garten stehen dürfen. Auch die Maße müssen stimmen: Ein zu schmal konzipierter Durchgang, ein zu niedriger Rosenbogen oder eine instabile Konstruktion lassen das gute Stück schnell zum Ärgernis werden. Bedenken Sie, dass bei Bewuchs ein enormer Druck auf den Pfetten und Pfosten lastet und sich der Wind gerne in den Ranken fängt und die Pergola aus den Angeln zu heben droht.

Ob mit Fundament oder einfach nur in der Erde versenkt: Die Senkrechte muss stimmen!

Sehr eng gelegte Pfetten lassen wenig Licht durchscheinen, geben aber guten Halt.
Filigraner wirken feine Stahlkonstruktionen und Pergolen, deren Pfetten einen weiteren Abstand besitzen.
Dunkles Holz mutet schwer und rustikal an. Wer es luftiger will, wählt weiß gestrichenes, das auch die Pflanzen besser leuchten lässt.

Von der Terrasse in den Garten, unbehelligt von neugierigen Blicken aus der Nachbarschaft. Der Durchgang macht neugierig auf das Dahinter und schafft getrennte Gartenräume.

Wenn Sie gleich einen guten Sichtschutz haben wollen, pflanzen Sie große Kletterer oder Einjährige, die schnell wachsen.

Achten Sie deshalb auf robuste, genügend starke Pfosten, haltbare Verbindungen und stabiles Material für den Pflanzenbewuchs.
Bei der Verwendung von Holzpfosten bieten sich für Kanthölzer die bereits genannten Pfostenschuhe an, aber es besteht auch die Möglichkeit, druckimprägnierte Hölzer direkt in der Erde zu verankern. Dies geschieht bevorzugt mit Rundhölzern, die unten angespitzt werden. Denken Sie daran, dass die Pfosten mindestens 60 cm tief im Boden stehen müssen, um nicht zu wackeln. Da für guten Wasserablauf gesorgt sein muss, bietet sich eine Dränageschicht von etwa 20 cm Stärke aus Kies oder anderem, gut wasserdurchlässigem Material an.
Bei der Verwendung von Metallpfosten können Sie direkt einbetonieren, wie dies bei den Rankgerüsten (siehe Seite 86) beschrieben wurde.
Stützen aus großen Naturstein- oder Betonstelen, aber auch gemauerte Stützen benötigen ein frostfreies Betonfundament von mindestens 80 cm Tiefe und

ausreichendem Durchmesser. In diesem Fundament werden dann, eventuell mit Hilfe eines Rundeisens, die Stelen arretiert, oder Sie mauern, wie dies bei Gartenmauern beschrieben wurde. Auf Pfosten können Sie dann die Rankkonstruktion aus Holz oder Metall aufsetzen. Einseitig frei stehende Pergolen werden an der Haus- oder Garagenmauer mit Hilfe passender »Metallschuhe« fest verankert.

**Gängige Maße für die Pergola**
**Höhe:** mindestens 2,20 m
**Breite:** mindestens 1,50 m
**Länge:** ein Segment maximal 3 m, eventuell passend für fertig erhältliche Einhänge-Rankgitter

## Romantische Kletterbögen und Lauben

Einladend über dem Gartentürchen, alle Blicke auf sich ziehend im Terrassenbereich oder als verwunschenes Beiwerk des Zweitsitzplatzes können Kletterbögen im Garten eingesetzt werden. Ob Sie nun Rosen, Clematis oder Einjährige Kletterer daran emporwachsen lassen – jede Kletterkonstruktion muss fest installiert und optisch gut integriert sein.

Unterschiedlichste Varianten sind auf dem Markt. Von schwer und lagerhaft wirkenden Holzdurchgängen bis hin zu filigranen, fast schwebenden Metallnachbildungen alter romantischer Rosenbögen ist je nach Geschmack und Geldbeutel alles zu haben. Mehrere Kletterbögen hintereinander gestellt ergeben hübsche Laubengänge, die zum Beispiel in einem Zweitsitzplatz münden können.
Die Art der Verankerung im Boden hängt von der Ausführung der Kletterbögen ab. Schwere Holzkonstruktionen erhalten ein stabilisierendes

Ein Rosenbogen mitten im Garten kann als Fremdkörper wirken. Hier jedoch schafft er zwei Gartenbereiche, die ohne diesen Gestaltungstrick trotz der vielen Blumen weniger spannend und deshalb recht eintönig wirken würden.

Hier ist die Rose der Hingucker, das filigrane, aber sehr gut im Boden verankerte Eisengerüst, an dem sie sich hinaufrankt, ist nur noch zu erahnen.

Fundament aus Beton, für leichte, gut stehende Metallkonstruktionen reicht es manchmal aus, sie tief genug im anstehenden Boden zu fixieren. Wenn Sie Fertigteile kaufen, erhalten Sie in der Regel die passenden Verankerungsteile und eine Aufbauanleitung mitgeliefert.

Je nach Art des Bewuchses müssen Rankgerüste sehr haltbar in der Wand verdübelt werden. Verwenden Sie am besten verzinktes Schraubmaterial, um unschöne Rostverfärbungen an der Wand zu vermeiden.

**Gängige Maße für Rosenbögen**
Je nach Art des Bewuchses, jedoch mindestens 1,20 m breit und 2 m hoch. Für sehr stachelige und ausladende Rosensorten empfehlen sich eine Breite von 1,50 m sowie eine Höhe von etwa 2,20 m.

### »Gewachsene« Laubengänge

Schnell zu einem hübschen Laubengang kommen Sie mit Hilfe geflochtener Weidenzweige. Stecken Sie im Frühjahr etwa 3 m lange Weidenruten beidseits Ihres Weges in etwa 50 cm Abstand in die Erde und verflechten Sie diese miteinander. Biegen Sie die Ruten oben zu einem Durchgang und verbinden Sie sie mit Hilfe einer Schnur. Wenn Sie die Triebe vor dem Einsetzen an ihrem unteren Ende auf einer Länge von etwa 20 cm schälen, treiben die Weiden bereits nach kurzer Zeit aus, und Sie erhalten einen dichten grünen, sehr außergewöhnlichen Laubengang.

## Rankgerüste für die Wand

Kahle Wände, aber auch enge Durchgänge können mit Hilfe von Rankgerüsten verschönert und begrünt werden. Dazu eignen sich Holz- und Metallkonstruktionen ebenso wie straff gespannte Drahtseile oder grobmaschige Netze. Holzrankgerüste müssen gut imprägniert bzw. mit pflanzenunschädlichem Material behandelt sein, damit sie nicht gerade

dann, wenn sie am schönsten und üppigsten begrünt sind, wegen Baufälligkeit ausgewechselt werden müssen. Dasselbe gilt für alle Arten von Metallrankgerüsten. Hier hat sich feuerverzinktes Material bewährt, das in jeder beliebigen Farbe gestrichen werden kann. Nicht zu empfehlen sind normale Baustahlmatten, da sie nicht dauerhaft gegen Rost geschützt werden können und unschöne Rostflecken produzieren.
Damit die Pflanzen guten Halt finden, werden die Spaliere mit einem Abstand von etwa 3–5 cm von der Wand befestigt. Vorgefertigte Rankgerüste aus dem Fachhandel besitzen bereits passende Abstandshalter als Zubehör. Beim Eigenbau können Sie Holzklötzchen, Plastikröhrchen oder anderes geeignetes Material als Abstandshalter verwenden.
Mit Hilfe von Rankgerüsten lassen sich hübsche perspektivische Effekte erzielen. Auch die Farbe spielt eine Rolle: Weiß wird sich von einer weißen Wand wenig abheben, sofern Sie nicht eine ungewöhnliche Formgebung gewählt haben. Dunkelgrün vor einer hellen Wand wirkt sehr strukturierend und sollte auch ohne Bepflanzung hübsch aussehen. Unbehandeltes Naturholz wird sein Aussehen im Lauf der Jahre verändern – vom hellen Beige über Graubraun hin zu dunklem, allmählich verwitterndem Holz.

Fertig zu kaufende Rankgerüste, fest an die Wand gedübelt, geben den üppigen Kletterpflanzen den nötigen Halt, um gen Himmel wachsen zu können.

## auf einen blick

- Bei Sichtschutzwänden und Rankgerüsten ist eine gute Verankerung im Boden Voraussetzung für sicheren Halt.
- Planen Sie bereits beim Bau Ihrer Terrassenfläche oder des Zugangsweges Punktfundamente für Sichtschutzelemente mit ein.
- Viele Firmen bieten eine Fülle von Fertigteilen an, die nach genauer Anleitung einfach aufzubauen sind.
- Kletterpflanzen wiegen meist schwer und benötigen viel Platz. Deshalb Durchgänge und Pergolen nicht zu eng anlegen!
- Unschöne Haus- und Garagenmauern lassen sich mit Hilfe von hübschen Rankgerüsten optisch aufwerten.

# Bezugsquellen und Adressen

## Natursteine

Hagen Naturstein
Hamburger Straße 135
23843 Bad Oldeslohe
Tel. 04531/1715-0
www.hagen-naturstein.de

Klein Naturstein
Hauptstraße 151
63512 Hainburg
Tel. 06182/4643
www. klein-naturstein.de

Naturstein Wigand
GmbH & Co. KG
Goethestraße 7
66879 Steinwenden
Tel. 06371/9818-0
www.naturstein-wigand.de

akiuco-Natursteinprodukte
Industriestraße 41
FL-9495 Triesen
Tel. +4233921418
www.akiuco.com

## Vulkan-Tuff für Mauern

Bäumler
Römerstraße 15
73340 Amstetten
Tel. 07331/7061

## Bunte Pflastersteine

Anvantgardeners
Auf dem Bohnenkamp 89
28197 Bremen
Tel. 0421/529350
www.avantgardeners.de

## Beläge und Mauern aus Beton

BVO GmbH
Beton-Vertrieb-Ost GmbH
Gewerbegebiet 2
21397 Volkstorf
Tel. 04137/81402
www.bvo-volkstorf.de

KANN GmbH Baustoffwerke
Bendorfer Straße
56170 Bendorf-Mülhofen
Tel. 02622/7070
www.kann-baustoffwerke.de

Kronimus-Betonsteinwerke AG
Josef-Herrmann-Str. 4-6
76473 Iffezheim
Tel. 07229/69-0
www.kronimus.de

Rinn
Beton- und Naturstein GmbH
Radheimer Str. 83
35452 Heuchelheim/Gießen
Tel. 0641/60090
www.rinn.net

Alle großen Betonwerke haben Mustergärten, in denen man sich informieren kann.

## Licht im Garten

Betonwerke (zum Beispiel KANN, Rupp und Rinn) bieten diverse Möglichkeiten an, in den Stein integrierte Lichtpunkte individuell anzufertigen.

Micro-electric
Leuchtende Pflastersteine
Bremer Heerstraße 330
26135 Oldenburg
Tel. 0441/2061.0
www.micro-electric.de

## Fertigmischungen von Beton, Mörtel usw.

quick-mix Gruppe GmbH & Co. KG
Mühleneschweg 6
49022 Osnabrück
Tel. 0541/601-01
www.quick-mix.de

## Bauen mit Holz

WERTH-HOLZ
Informationsdienst
Postfach 98
57407 Finnentrop
www.WERTH-HOLZ.de

Zimmermann
Holzwerke GmbH
82269 Geltendorf
Tel. 08193/8098

## Rosenbögen, Zubehör

COUNTRY-GARDEN
Versand für Garten- und Wohnkultur GmbH
(Romantische Rosenbögen, Terrakotta-Einfassungen)
Nagolderstraße 27
72119 Ammerbuch
www.country-garden.com

Ing. G. Beckmann KG
Simoniusstraße 10
88239 Wangen/Allgäu
Tel. 07522/97450
www.beckmann-kg.de

# Stichwortverzeichnis

## Adressen

Allgemeine Informationen zu den Themen Holz und Stein im Garten erhalten Sie bei folgenden Instituten:

Bund Deutscher Landschafts-architekten e.V. (BDLA)
Bundesgeschäftsstelle
Köpenicker Straße 48-49
10997 Berlin
Tel. 030/278715-0
www.bdla.de

Zentralverband Gartenbau e.V. (ZVG)
Godesberger Allee 142
53175 Bonn
Tel. 0228/81002-0
www.g-net.de

Bundesverband Naturstein-Industrie e.V.
Annastraße 67-71
50968 Köln
Tel. 0221/93467460
www.naturstein-netz.de

Zahlen mit * verweisen auf Abbildungen

**Bildnachweis:**

Avantgardeners: 32u
Borstell: 1, 2/3, 100 (Arnoldshof), 10u, 12, 15, 30, 38, 45, 50, 59, 75, 84, 85, 86, 88o
Fiedler: 16, 20, 24o, 27u, 29o, 29u, 31, 33o, 35u, 36o, 42, 43l, 43r, 46, 47o, 47u, 56, 63, 64, 71ol, 71u, 78, 79, 83
GBA/Didillon: 58
GBA/GPL: 89
Krohme: 48, 72ol
Ott: 8, 11, 14, 23, 24u, 27o, 34u
Pforr: 91
Redeleit: 4u, 5, 7, 9, 22, 41, 44l, 44r, 52, 54, 57, 61, 77, 88ul
Reinhard: 49, 65, 71or, 72ur, 73, 74, 76, 90
Strauß: 4o, 6, 28, 32o, 34o, 36u, 37, 39, 51, 60, 66, 67, 69, 80, 81
Werth-Holz: 33u

**Bibliografische Information Der Deutschen Bibliothek**
Die Deutsche Bibliothek verzeichnet diese Publikation in der Deutschen Nationalbibliografie; detaillierte bibliografische Daten sind im Internet über http://dnb.ddb.de abrufbar.

Grafiken: Silvia Bespaluk

2., überarbeitete Auflage, Neuausgabe

BLV Buchverlag GmbH & Co. KG
80797 München



Umschlagkonzeption:
fuchs_design, Ottobrunn

Umschlagfotos:
Borstell (Vorderseite),
Ott (Rückseite links),
Reinhard (Rückseite rechts)

Layoutkonzept Innenteil:
Studio Schübel, München

Lektorat: Dr. Thomas Hagen
Herstellung: Hannelore Diehl

Layout und DTP: Anton Walter und DTP-Design Walter, Gundelfingen

Gedruckt auf chlorfrei gebleichtem Papier

Printed in Germany ·
ISBN-10: 3-8354-0036-3
ISBN-13: 978-3-8354-0036-8

# Alles für Ihren wohnlichen Garten

Brigitte Röde
**Gärten gestalten easy**
Gärten gestalten in nur 7 Schritten – einfach, klar, leicht nachvollziehbar, gut umzusetzen; konkrete Projektbeispiele mit Plänen und Fotos vom Reihenhausgarten über den Minigarten bis zum Garten mit mediterranem Flair.
*ISBN 3-405-16760-4*

*blv garten plus*
Elisabeth Klimt
**Garten-Accessoires**
Eine wohnliche Atmosphäre im Garten schaffen: Auswahl, Platzierung und Wirkung von Accessoires; Themengärten, Gestaltungsideen mit gekauften und selbst gemachten Dekorationselementen, Pflanzen in Szene setzen durch besondere Gefäße usw.
*ISBN 3-405-16008-1*

Christoph Köchel / Lutz Köhler
**Wintergarten**
Alle Grundlagen zur Wintergartentechnik von der Planung bis zur Bauausführung; Bepflanzungen für verschiedene Temperaturbereiche – jeweils mit Porträts typischer Pflanzen; Beispiele mit Pflanzplänen; Pflanz- und Pflegepraxis.
*ISBN 3-405-15843-5*

*blv garten plus*
Rosa Wolf
**Sitzplätze im Garten**
Schöner Wohnen im Grünen: Sitzplätze planen, gestalten, bauen und verschönern – von Gartenbank und Hängematte bis zu Laube und Pavillon. Gartenmöbel, Sonnenschutz, Beleuchtung und viele Pflanztipps.
*ISBN 3-405-15759-5*

Friedrich Strauß / Tanja Ratsch
**Terrassen-Träume**
**Gestalten mit Kübelpflanzen**
Schöner Wohnen im Freien: Terrassengestaltungen rund ums Jahr für verschiedene Stile und Themen; die besten Pflanzen für Topf und Kübel im Porträt; Pflanzen, Pflegen, Überwintern, Gefäße, Accessoires.
*ISBN 3-405-16311-0*

*blv garten plus*
Siegfried Stein
**Miniteiche und Wasserspiele**
Miniteich-Basics von Gefäßen und Technik bis Überwinterung; Pflanzenauswahl und Gestaltungsvorschläge mit Beispielen für Balkon, Terrasse und Garten. Tipps zur Vermeidung von Problemen.
*ISBN 3-8354-0037-1*

*Im BLV Buchverlag finden Sie Bücher zu den Themen:* Garten und Zimmerpflanzen • Natur • Heimtiere • Jagd und Angeln • Pferde und Reiten • Sport und Fitness • Wandern und Alpinismus • Essen und Trinken

blv

*Ausführliche Informationen erhalten Sie bei:*

**BLV Buchverlag GmbH & Co. KG**
**Postfach 40 02 20 • 80702 München**
**Telefon 089 / 12705-0 • Fax -543 • www.blv.de**